TINKER PONYS

TINKER PONYS

Irlands coole Schecken

von Christiane Slawik
unter Mitarbeit von Heike Lauger

CADMOS

Ich widme dieses Buch Familie Schelbert, die mir vor Jahren den Anstoß zu meinen Schreib- und Fotoarbeiten gab, meiner Freundin Marlit Hoffmann, die mich stets ermuntert hat, damit weiterzumachen, und meinem Mann Horst Balonier, der mich tatkräftig dabei unterstützt, auch in Zukunft noch viel Freude an den Pferden zu haben!

Die Tinker-Meisterarbeit der zweifachen Pferdewirtschaftsmeisterin Heike Lauger gab den Anstoß zu diesem Buch. Ich bedanke mich für die angenehme Zusammenarbeit mit ihr und ihren Reitschülern.

Christiane Slawik

Haftungsausschluss:
Autorin und Verlag haben den Inhalt dieses Buches mit großer Sorgfalt und nach bestem Wissen und Gewissen zusammengestellt. Für eventuelle Schäden an Mensch und Tier, die als Folge von Handlungen und/oder gefassten Beschlüssen aufgrund der gegebenen Informationen entstehen, kann dennoch keine Haftung übernommen werden.

Impressum

Gestaltung: www.ravenstein2.de
Coverfoto: Christiane Slawik
Fotos im Innenteil: Christiane Slawik
Druck und Bindung: Druck KN Digital Printforce GmbH, Ferdinand-Jühlke-Straße 7, D-99095 Erfurt

Deutsche Nationalbibliothek – CIP-Einheitsaufnahme
Die Deutsche Nationalbibliothek verzeichnet diese Publikation in der Deutschen Nationalbibliografie; detaillierte bibliografische Daten sind im Internet über http://dnb.ddb.de abrufbar.

ISBN 978-3-8404-0026-1, Hardcover, Inhalt farbig
ISBN 978-3-8404-0025-4, Broschur, Inhalt farbig
ISBN 978-3-8404-0024-7, Broschur, Inhalt s/w

INHALT

Vorwort . . . 6

Einführung . . . 7

Made in Ireland: Rassecocktail auf dem Weg nach oben . . . 8

Traveller: Das fahrende Volk Irlands . . . 9
- Buntes Outfit, bunte Geschichte . . . 12
- Das Leben auf der Straße . . . 14

Tinker in Irland und Großbritannien . . . 16
Deutsche Gründlichkeit: Tinker werden eine Rasse . . . 18
- Exterieur und Gänge: Mix aus Kaltblut und Pony . . . 19
- Cool in jeder Hinsicht: Das Interieur . . . 22
- Diverse Typen und ihr Charakter . . . 23
- Fellfarben: Von Piebalds und Skewbalds . . . 25

Typisch Tinker: Die ganz besonderen Eigenheiten . . . 26

Tinkerkauf: Ein Traum wird wahr . . . 30

Von Vorsicht und Verantwortung . . . 33
Tinkerkauf in Irland: Nicht ohne Risiken . . . 34
- Seriöse Händler und Züchter: Es gibt sie noch . . . 34
- Irische Pferdemärkte: Abenteuerlich . . . 34
- Papierkrieg beim Eigenimport . . . 35

Kauf in Deutschland: Pferdeverstand ist gefragt . . . 35
Unbedingt beim Kauf berücksichtigen . . . 39

Rundum gesund durch artgerechte Haltung und Pflege . . . 40

Haltung: Frische Luft geht über alles! . . . 40
- Boxenhaltung: Vorprogrammierte Verhaltens- und Gesundheitsschäden . . . 43
- Die Paddockbox: Ein brauchbarer Kompromiss . . 43
- Gruppenhaltung im Offenstall: „Fünf-Sterne-Hotel“ für Pferde . . . 44

Mahlzeit: Dauerfresser in Aktion . . . 46
- Kraftfutter und Futterzusätze: Weniger ist mehr . . . 47

Pflege: Zuwendung und Sauberkeit mit Striegel & Co. . . . 48
- Haare ohne Ende . . . 51

Hufe: Unterwegs auf großem Fuß . . . 52
Typische Tinkerkrankheiten: Auch den Gesündesten erwischt es mal . . . 55
- Erkältungen und Impfungen . . . 55
- Wurmkuren: Ohne geht's auf keinen Fall . . . 56
- Kolik: Mehr als Bauchweh . . . 57
- Pilze und Flöhe: Lästige Mitbringsel aus Irland . . 57
- Mauke und Raspe: Heilbar und vermeidbar . . . 57
- Mauke in der Fesselbeuge, eventuell durch Milben verursacht . . . 59
- Selenmangel: Erworben auf deutschen Böden . . . 59

Ein Pferd für (fast) alle Fälle . . . 60

Fahren: Tinker s best . . . 62
Reiten: Nahezu grenzenloses Freizeitvergnügen . . . 63
- Dressur: Sinnvolle Gymnastik . . . 64
- Springen: Für kleine Hüpfer immer zu haben! . . . 65
- Westernreiten: Lässige Eleganz . . . 66
- Rallyes: Spielerischer Spaß für jedermann . . . 67
- Therapeutisches Reiten: Tinker im Dienst der Medizin . . . 67

Zubehör: Einfach und zweckmäßig . . . 69
- Sättel: Gute Passform über alles . . . 70
- Trensenzäume: Qualität vor Quantität . . . 71
- Gebisse: Keep it simple . . . 72
- Hilfszügel und longieren: Niemals unüberlegt . . 73

Winterfreuden: Fit und vorgesorgt durch Schnee und Eis . . . 74

Adressen . . . 78

Literatur . . . 78

Heike Lauger beim Ausritt mit ihren Schülern.

Vorwort

In unserer hektischen Gesellschaft wollen viele ihre Freizeit so entspannt wie möglich genießen - auch auf dem Pferderücken. Nur ein Reiter, der weiß, welchen Stress dabei so manche heißblütige oder für den Sport gezüchtete Pferderasse verursachen kann, weiß den Irish Tinker wirklich zu schätzen. Überschäumendes Temperament und Vorwärtsdrang sind vielleicht schön anzusehen, für einen Freizeitreiter, der bei einem gemütlichen Ausritt gemeinsam mit seinem Pferd Erholung in der Natur sucht, jedoch völlig unbrauchbar.

Als Besitzerin einer Reitschule war es mir besonders wichtig, ein mittelgroßes, ausgeglichenes Pferd mit genügend Fleiß zu finden, das sowohl Kindern als auch Erwachsenen in Reitbahn und Gelände Sicherheit vermitteln konnte. Mit seiner Gutmütigkeit, Leichtrittigkeit und dem überaus angenehmen Temperament beendete der Irish Tinker meine Suche.

So mancher Tinker hat mich beim Reiten oder im Umgang durch seine Lernbereitschaft und Willigkeit verblüfft. Bei richtiger Behandlung und Ausbildung sind diese Pferde alles andere als faul, stumpf oder gar dumm: Für mich und meine Reitschüler sind Tinker die idealen Lehrpferde und zuverlässige Freizeitkameraden - jeder von ihnen einzigartig durch seine individuelle Scheckung.

Heike Lauger

Einführung

Sie sind bereits mitten unter uns und es werden immer mehr: Der bunte Boom kommt aus Irland und heißt Irish Tinker. Nur allzu gerne werden sie als ideale, sichere Anfängerpferde angepriesen, denn Farbe, Charakter und stabiles Nervenkostüm machen sie in jeder Beziehung zu einmalig coolen Pferden. Diesem Ruf werden sie auch voll und ganz gerecht, aber nur wenn sie ebenso wie ihre Besitzer eine fundierte Ausbildung genossen haben - ansonsten können am Ende sogar Profis an den kaltblütigen Schecken verzweifeln. Erst wenn diese liebenswerten Pferde ein konsequentes Training erhalten und begriffen haben, was man von ihnen erwartet, werden sie - in Pferdemaßstäben gemessen - zu absolut zuverlässigen Freizeitpartnern. Der Begriff „Tinker" kennzeichnet eben nicht unbedingt eine Pferderasse, sondern eher einen ganz speziellen Zustand pferdiger Gelassenheit. Falls jedoch ein Anfänger unüberlegt einen unzulänglich ausgebildeten oder beim Transport schlecht behandelten, aber ach so süßen Tinker erwirbt, kann die Freude schnell in Frust umschlagen. Auto fahren ohne Führerschein? Undenkbar! Tinker kaufen ohne Vorkenntnisse? Leider an der Tagesordnung. Dieses Buch soll in bewusst einfacher und verständlicher Weise helfen, Fehler zu vermeiden.

Wundern Sie sich nicht, dass einige grundlegende Dinge mehrfach erwähnt sind, aber die Erfahrung hat gezeigt, dass sie besonders in Bezug auf Tinker gar nicht oft genug wiederholt werden können. Andere Themen wiederum, wie Zucht, Trächtigkeit, Fohlenaufzucht oder das Anreiten wurden bewusst ausgeklammert, weil sie eindeutig in die Hände von Fachleuten gehören und erst gar nicht der Anschein erweckt werden soll, dass sich jeder Freizeitreiter und Pferdehalter durch bloße Lektüre eines Buches damit beschäftigen kann.

Eingehende Erläuterungen über Verbände, Zuchtgeschehen und Ähnliches werden Sie vielleicht ebenfalls vermissen, aber offiziell ist der Tinker noch nicht einmal eine anerkannte Pferderasse, sondern nur ein Pferdetyp, und bisher gibt es noch keine allgemein gültigen Aussagen. Damit tut man sich in Deutschland bis jetzt recht schwer, in Irland kümmert das aber niemanden! Nachdem man in ihrer Heimat so ziemlich alles unter Hunter-Format als Pony oder Cob tituliert, erscheint dieser Begriff auch im Titel des Buches. Bei uns hingegen werden die so verschieden dimensionierten Tinker Ponys wohl nicht zuletzt auch wegen ihrer imposanten Masse überwiegend als Pferde deklariert und dabei soll es auch im weiteren Text des Buches bleiben. Aber egal ob man Tinker als Ponys oder Pferde bezeichnet, für ihre vielen Fans sind und bleiben die Schecken immer die Größten!

Bei allen Tinkerbesitzern möchte ich mich dafür bedanken, dass sie mir ihre Zeit gewidmet und ihre Pferde als Fotomodelle zur Verfügung gestellt haben. Der zweifachen Pferdewirtschaftsmeisterin Heike Lauger, deren Meisterarbeit über Tinker den Anstoß zu diesem Buch gab, danke ich für ihre Unterstützung.

Bunter Boom aus Irland: Immer mehr Freizeitreiter interessieren sich für die attraktiven, zuverlässigen und nervenstarken Tinker.

Von wegen „gewöhnlich"! Jeder Tinker ist individuell gezeichnet und damit hunderprozentig ein Unikat. Der gutmütige Charakter dieser Pferde kommt aber nur bei fachgerechter, guter Ausbildung und Behandlung voll zur Geltung. Erst dann haben auch Anfänger und Kinder ihre Freude mit den Schecken.

„Made in Ireland": Rassecocktail auf dem Weg nach oben

Dick, dumm, faul und langsam hört man von der einen Seite, absolut zuverlässiges, scheufreies und anspruchsloses Anfängerpferd von der anderen. Wenn es um Irish Tinker geht, gehen die Meinungen extrem auseinander! Die gescheckten Pferde selbst lässt diese Diskussion, wie vieles andere auch, ziemlich kalt. Ihre ständig wachsende Fangemeinde weiß schließlich genau, was sie an den gelassenen vierbeinigen Kumpels hat, und sorgt fleißig dafür, dass immer mehr dieser bunten Gesellen unsere mitteleuropäischen Weiden bevölkern.

Tinker sind vielleicht auf den ersten Blick wenig spektakuläre, eher langweilig wirkende Pferde und offiziell noch nicht einmal eine Rasse im herkömmlichen Sinne. Spätestens aber, wenn bei einem Ausritt diverse Rassepferde vor einem Traktor scheuen, während der Tinker einfach cool stehen bleibt und in aller Ruhe die Lärmquelle inspiziert, schlägt die Stimmung um, und der vorher mitleidig belächelte Tinker wird gewaltig im Ansehen steigen.

Seine typische Nervenstärke hat nicht unerheblich dazu beigetragen, dass der Tinker seinen Weg direkt von den Straßen Irlands in die Herzen vieler kontinentaler Pferdefreunde gefunden hat. Sie macht ihn aber nicht zwangsläufig zu dem unkomplizierten Anfängerpferd, als das er vor allem von Händlern gerne dargestellt wird! Ein Tinker stellt dieselben Ansprüche an seinen Besitzer wie jedes andere Pferd auch und je mehr Wissen oder fachgerechte Anleitung ein Pferdebesitzer oder Reiter hat, desto besser wird er auch mit diesem Typ Pferd zurechtkommen. Kritisches Einschätzen des eigenen Könnens und ein entsprechendes Verantwortungsbewusstsein gegenüber der Kreatur ist man sowieso jedem Pferd schuldig. Nur: Gerade weil der Tinker ein besonders gutmütiger Zeitgenosse ist, darf man sich auf keinen Fall dazu verleiten lassen, den sanften Charakter dieser Tiere auszunutzen und entsprechend rücksichtslos mit ihnen umzugehen - was leider allzu oft passiert und dann werden die bunten Iren zu Recht irre oder stur. Wie bei allen Pferden entscheidet eben meistens die Vorgeschichte oder der Pferdeverstand des jeweiligen Besitzers, ob der bunt gescheckte Vierbeiner einmal unterm Freizeit- oder Schulpferdesattel, beim therapeutischen Reiten oder am Ende als „sturer Bock" verschrien gar beim Schlachter landet.

Einen Irish Tinker kann man genauso wenig wie alle anderen Lebewesen in irgendeine Schublade stecken, aber egal, wie man zu diesen Pferden steht: Wer einmal näher mit ihnen zu tun hat, wird ihr besonderes Wesen schnell zu schätzen wissen und stört sich dann bestimmt nicht mehr daran, dass die sympathischen Bunten von manchen Kennern als recht gewöhnliche Vertreter der Gattung Pferde eingeschätzt werden.

In Bezug auf ihren Charakter und mit ihrem individuell gescheckten Aussehen sind alle Tinker sowieso hundertprozentige Unikate - so viel zum Begriff „gewöhnlich"! Sie mögen vielleicht im Vergleich zu einem Vollblüter etwas plump wirken, aber in das Klischee vom edlen Ross passen sie trotzdem - zumindest ein bisschen, wegen ihrer wallenden Mähnen. Haare hat ein Tinker nämlich mehr als genug und wie wir noch sehen werden, gibt es durchaus Situationen, in denen selbst ein Vollblüter nicht auf einen Tinker verzichten kann. Hinzu kommt noch ihre erstaunliche Genügsamkeit, solange sie genügend Heunachschub bekommen, denn wenn der fehlt, dann wird selbst ein Tinker ungehalten ...

Rassekundebücher halten sich mit Informationen über diese Pferde ziemlich zurück, und genau genommen hat der Tinker dort auch nichts zu suchen: Nach wie vor ist der Tinker nämlich keine Rasse im herkömmlichen Sinne, sondern ein Pferdetyp oder Schlag, der sich aufgrund außergewöhnlicher Umstände im Laufe der Zeit entwickelt hat. So bunt wie sein Äußeres ist seine Entstehungsgeschichte und auch der Cocktail aus Pferde- und Ponyrassen, die an der Entstehung des Tinkers beteiligt waren. Genauer gesagt waren es wohl so ziemlich alle wiehernden Arten, die auf den britischen Inseln heimisch sind und so werden Tinker je nach Betrachtungsweise und Mischungsverhältnis durchaus zutreffend als Pferde, Kaltblüter, Ponys oder Cobs beschrieben.

Bis heute gibt es im irischen Mutterland keine, nach unserem Verständnis planmäßig ablaufende Tinkerzucht. Abstammungen werden höchstens mündlich überliefert oder in nachträglich ausgestellten Papieren als „nicht bekannt" angegeben.

Dennoch steigt die Nachfrage auf dem Kontinent kontinuierlich an. Dubiose Geschäftemacher nutzen zum Teil die allgemeine Unkenntnis über diese Pferde weidlich aus, preisen so manchen kompakten Schecken „made in Holland" als originalen Irish Tinker an und bemühen sich rege darum, ihre Käufer für dumm zu verkaufen. Der Typ „Tinker" hat sich auf Irlands Straßen auch ohne schwarz auf weiß festgehaltenes Zuchtziel, ohne renommierte Zuchtstätten und Gestüte, ohne Verbände und Funktionäre in einer einmaligen Art und Weise konsolidiert. Er lässt sich damit tatsächlich nicht mit anderen Pferderassen vergleichen. Alles ist hier ein bisschen anders: Interieur, Exterieur, Geschichte - trotzdem oder gerade deswegen wirken diese Pferde rundum sympathisch, und rundum, das kann bei einem Tinker eine ganze Menge sein!

Traveller: Das fahrende Volk Irlands

Die Geschichte der Tinkerpferde ist untrennbar mit der des fahrenden Volkes verbunden, denn ohne diese Menschen gäbe es die Schecken heute nicht. Die irischen Fahrenden, die „Traveller", sind eine nomadisierende Minderheit in der Bevölkerung, deren Ursprünge völlig im Dunkeln liegen. In Ermangelung aussagekräftiger archäologischer Funde und schriftlicher Überlieferungen entwickelte man über den Ursprung dieser Bevölkerungsgruppe, die sich so deutlich von der Mehrheit der Iren unterscheidet, verschiedene Theorien:

- *Traveller sind Nachkommen eines altertümlichen Volksstammes, der bereits in Irland lebte, bevor die Kelten eintrafen.* Die Sprache der

Bis heute gibt es in Irland keine nach unserem Verständnis planmäßige oder organisierte Tinkerzucht. „Abstammungen" werden höchstens mündlich überliefert. Die Schecken gelten in ihrem Ursprungsland nur als „Typ" und werden dort nicht als eigenständige Rasse anerkannt.

Traveller, „Gammon" oder „Cant" genannt, was übersetzt soviel wie „Unsinn" oder „Gaunerjargon" heißt, enthält eine Vielzahl von grammatikalisch und sprachlich altertümlich anmutenden Wurzeln sowie diverse, im modernen Irisch nicht mehr gebräuchliche Wörter. Manche von Außenstehenden nicht zu verstehenden Ausdrücke dieser „Geheimsprache" ergeben sich aber nur durch Verdrehen von Buchstaben, so heißt zum Beispiel „Road", die Straße, in der Travellersprache „Tobar".

• *Traveller sind Nachkommen von Handwerkern und Metallarbeitern aus dem 5. Jahrhundert.* Schriftliche Berichte, die bis ins 12. Jahrhundert zurückreichen, zeugen von durch die Lande ziehenden Handlungsreisenden, die als „Tinker" oder „Tynkere" bezeichnet wurden. Diese Worte ahmen dabei das Geräusch des Hammers auf Metall nach. Die Tinker fertigten Schmuck, Waffen oder Pferdegeschirr. 1619 bezeichneten Soldaten auch Handwerker, die mit Gold oder Silber arbeiteten, als „Plain Tinker". Für die Handwerker war damals ebenso wie für Geschichtenerzähler oder Musikanten das Herumreisen die beste Möglichkeit, Arbeit zu finden. Diese Traditionen finden sich auch heute noch häufig bei den Travellern, aus deren Reihen neben den Handwerkern viele Geschichtenerzähler und einige der besten Musiker Irlands hervorgingen.

• *Traveller sind Nachkommen vertriebener irischer Familien.* Unter dem Druck skrupelloser Großgrundbesitzer sahen sich arme Familien in den letzten 400 Jahren nach einigen katastrophalen Missernten gezwungen, die kleinen Landparzellen aufzugeben, mit denen sie bisher ihren Lebensunterhalt verdienten. Sie fanden auf der Straße ein neues Zuhause.

• *Traveller stammen von zugewanderten Zigeunern ab.* Zigeuner, auch „Gipsies" genannt, hatten schon immer eine Vorliebe für gescheckte Pferde. Sie brachten sie wahrscheinlich von Osteuropa und Indien kommend auf ihrem Zug nach Westen mit. Zu dieser Zeit (800-1000 n.Chr.) waren Schecken auf den britischen Inseln noch unbekannt, indische Malereien und persische Miniaturen zeigen hingegen viele gescheckte Pferde. In Persien teilten sich die Auswanderer in zwei Stämme, die Ben und die Phen, auf. Aus Letzteren gingen die europäischen Zigeuner mit dem Unterstamm der Sinti hervor, die schon seit dem 16. Jahrhundert mit Planwagen und Pferden herumzogen. 1430 wurden die Zigeuner zum ersten Mal in Großbritannien registriert, 1492 in Schottland. Wann sie in Irland auftauchten, ist unbekannt. Die Zigeuner hatten schon immer ein Händchen für Pferde, konnten aber wegen ihrer Wanderungen oder Armut keine Pferde züchten oder qualitätsvolle Tiere kaufen. Lieber erwarben sie alte, kranke oder verdorbene Pferde, pflegten sie gesund oder ritten sie zu und verkauften die Tiere anschließend mit Gewinn. Im Laufe der Zeit eigneten sich die Zigeuner so ein breites Spektrum an Behandlungsmöglichkeiten für kranke Pferde an und entwickelten zusätzlich großes Geschick im Umgang mit schwierigen Tieren.

Egal welchen Ursprungs, ob Zigeuner, Handwerker oder verarmte Bauern: Alle nicht sesshaften englischen und irischen Einwohner wurden „Traveller" genannt und entwickelten am Rande der irischen Gesellschaft eine neue, verschwiegene Gemeinschaft mit eigenen Werten, Traditionen und einer Kultur, die aufs Engste mit ihren Pferden verbunden war. Zunächst schliefen die Traveller in Scheunen oder Bauernhäusern, dann in Schutzhütten oder Zelten. Bereits 1685 erließ König James II eine Verordnung, die es dem fahrenden Volk gestattete, alljährlich einen großen Pferdemarkt im englischen Appelby abzuhalten, obwohl damals nur sehr wenige Traveller ein eigenes Pferd hatten. Meistens konnten sie sich nur einen Esel oder ein Pony leisten, das ihre Habe in Tragen transportierte oder mit Hilfe eines kleinen Karrens zog.

Traveller verdienten ihren Lebensunterhalt mit verschiedenen Serviceleistungen für Farmer und Städter als Gaukler, Akrobaten, Schausteller, Scherenschleifer oder als Kesselflicker, in Irland immer noch „Tinker" (in England „Potter", also Töpfer) genannt. Erst auf dem Kontinent hat man den ursprünglichen Namen für die Tätigkeit ihrer Besitzer auch auf unsere bunten Protagonisten übertragen, weil diese Pferde eben untrennbar mit den herumziehenden Kesselflickern verbunden waren. In Irland wird das Wort „Tinker" heute nicht allzu gerne gehört, weil man den Begriff nur noch als Schimpfwort mit deutlich negativem Beigeschmack gebraucht. Die Pferde werden daher lieber als „Coloured Cob of Gipsy Type" oder als „Coloured Original" bezeichnet.

Nach dem Ersten Weltkrieg organisierten sich die Traveller und schlossen sich zu größeren Familienverbänden zusammen, um in der Gemeinschaft ein besseres Auskommen zu finden.

Bis spät in die 60er Jahre waren ihre oft aufwendig bemalten und sorgfältig dekorierten, traditionellen Trommelwagen, die „Barrel-Topped-Wagons", fester Bestandteil des irischen Straßenbildes. Diese für Irland typischen Gefährte wurden während des ersten Weltkrieges von walisischen Zigeunern nach Irland eingeführt. Im hinteren Teil des Wagens befand sich ein Doppelbett für die Eltern und Babys, unter dem Bett war eine Art horizontaler Schubladenschrank, der herausgezogen ein Lager für die Kleinkinder abgab. Beim Putzen ausgegangenes Pferdefell wurde gesammelt, zu Filz verarbeitet und dann für die Isolation der rundlichen Außenwände genutzt. In die vordere Eingangstüre stellte man während der Fahrt einen Stuhl, von dem aus man den Wagen wie vom Kutschbock aus lenkte. Alleine diese höchst unsichere Fahrposition lässt schon Rückschlüsse auf die Sicherheit eines Tinkers im Straßenverkehr zu! Angesichts der Größe dieser Fahrzeuge, die normalerweise von einem einzelnen Pferd gezogen wurden, kann man auch eine Menge Respekt vor der Zugleistung eines Tinkers bekommen.

Von einigen Reiseveranstaltern werden die aufwendig bemalten Tonnenwagen heute aufgekauft oder nachgebaut und komplett ausgestattet mitsamt einem Tinker als Zugpferd leichtsinnigerweise selbst an pferdeunkundige Touristen vermietet, die nach kurzer Einführung einen ganz besonderen Urlaub campingähnlich auf der Straße verbringen wollen. Dies ist keinesfalls zur Nachahmung empfohlen- eine Begründung liefert das entsprechende Kapitel über das Fahren!

In den letzten Jahrzehnten haben Plastik und das moderne Leben die handwerklichen Fertigkeiten der Traveller weitestgehend überflüssig gemacht. Mit der Arbeit verschwand auch das damit verbundene Herumreisen, ein ehemals so wichtiger Bestandteil des Traveller-Lebens, der Ausdruck ihrer gelebten Unabhängigkeit und Freiheit war. Viele Traveller sind inzwischen vom Land in die größeren Ortschaften und Städte gezogen, um neue Aufgabenbereiche zu finden, wie zum Beispiel das Sammeln und Wiederverwerten von überwiegend metallenen Abfallprodukten oder das Handeln mit Teppichen, Haushaltsprodukten oder Antiquitäten. Im Juli 1994 wurden von der Regierung 4083 Traveller-Familien mit rund 22000 Mitgliedern gezählt. Sie leben überwiegend in Wohnwagen oder Häusern in den Regionen von Dublin, Galway, Cork, Limerick, Kerry und Wexford und haben auch heute noch unter Vorurteilen und Ängsten der sesshaften Bevölkerung zu leiden. Große Probleme bereitet dabei unter anderem die bewusste Abschottung der Traveller nach außen, zum Beispiel durch ihre eigene Sprache. Auch die illegale Nutzung von kommunalem oder privatem Land zum Parken der Wohnwagen aufgrund mangelnder Lebensraum- oder Wohnungsversorgung

Die Entwickung der Tinker Ponys ist untrennbar mit der Geschichte und bisweilen etwas zwielichtigen Atmosphäre rund um die Traveller verknüpft. Nachdem „Tinker“ in Irland ein Schimpfwort ist, bezeichnet man die Schecken in ihrer Heimat offiziell als „Coloured Cob of Gibsy's Type“ oder als „Coloured Original“.

Ein einziger Tinker zog früher ganze Travellerfamilien in diesen typischen Tonnenwagen, den „Barrel-Topped-Wagons" durch Irland. Heute werden solche Gefährte bisweilen samt Pferd an Touristen, die ihren Urlaub auf der Straße verbringen wollen, vermietet.
Foto: Klaudia Klömpken

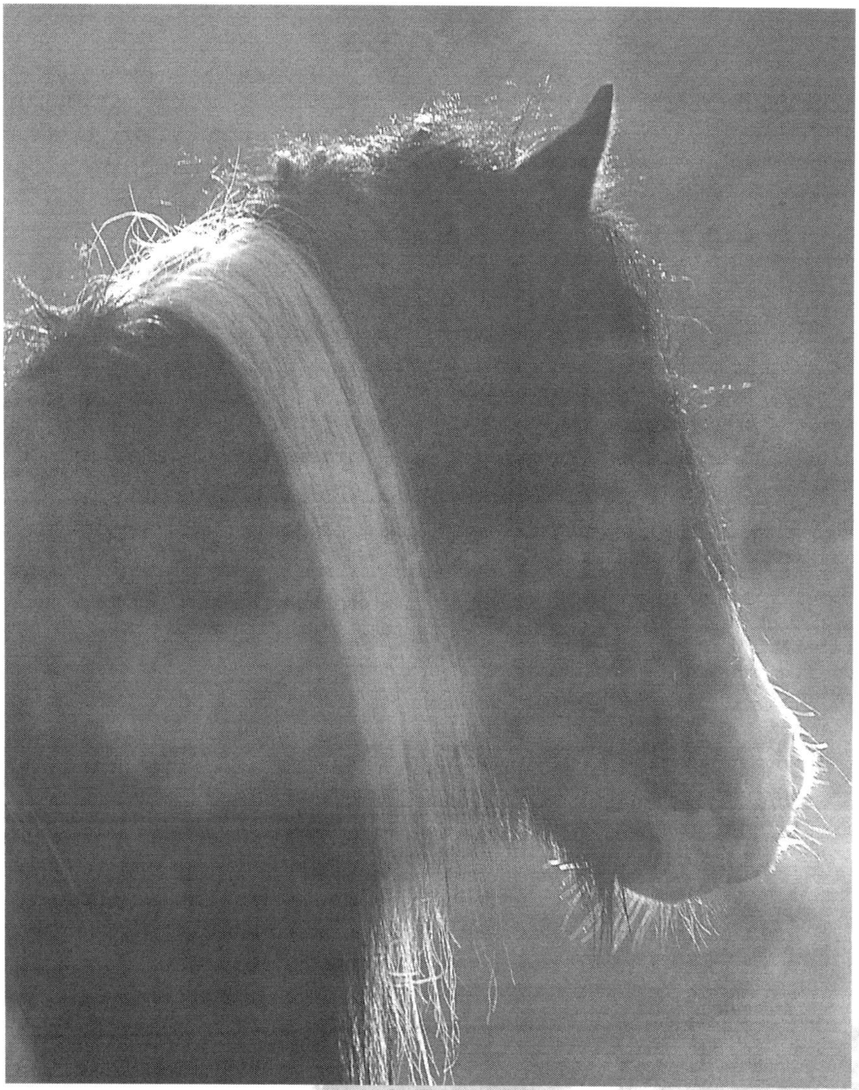

Die Geschichte der Tinker begann etwas undurchsichtig am Ende des 19. Jahrhunderts.

durch die Kommunen, die ebenfalls dort grasenden Pferde, die heute nicht mehr aus einer Notwendigkeit heraus, sondern eher als Statussymbole gezüchtet werden, beschwört weitere Feindschaften herauf. Vor allem aber schürt das geringe Wissen beider Seiten voneinander und der ebenfalls von beiden Seiten bewusst eingehaltene, mangelnde Kontakt den Konflikt weiter. Die Regierung bemüht sich seit längerem mit diversen Projekten um eine langsame Annäherung, um gegenseitiges Verständnis sowie um einen Abbau der gegenseitigen Aggressionen und damit um eine soziale Integration der Traveller. Viele Maßnahmen scheitern aber an der Mentalität und den Traditionen sowohl der Traveller als auch der Sesshaften.

BUNTES OUTFIT, BUNTE GESCHICHTE

Nach der industriellen Revolution begannen die fahrenden Leute etwa um 1880 ihre Esel und Packtiere nach und nach gegen Planwagen und kräftigere Pferde wie zum Beispiel Irish Draught oder Cobs einzutauschen. Da die Traveller mit ihrer Arbeit keine Reichtümer erwerben konnten, waren sie darauf angewiesen, die Zugpferde günstig einzukaufen, oder mit den Pferden vorlieb zu nehmen, die aus irgendwelchen Gründen woanders nicht gewünscht waren. So erwarben sie Tiere aller Rassen, die wegen ihrer zu großen Abzeichen oder wegen der von seriösen Züchtern verpönten Scheckzeichnung ausgemustert wurden. Bunt war gleich bedeutend mit billig.

Schecken wurden in Anlehnung an die Vorlieben des fahrenden Volkes in England ebenso wie in Irland geringschätzig mit „It´s a Gipsy" abgetan und schnellstmöglich abgestoßen.

Ein kräftiger Schecke, zu gutem Preis als abgelehntes, krankes oder unrittiges Pferd erworben, ertauscht oder vielleicht sogar ergaunert und dann mit dem ureigenen Pferdeverstand aller Fahrenden wieder auf Vordermann gebracht, wurde ehrfurchtsvoll „the horse" genannt. Im Vergleich zu den früher gebräuchlichen Eseln und Ponys war so ein Tier bereits das leise Zeichen eines beginnenden Wohlstandes und somit der ganze Stolz eines Traveller.

Die Scheckfarbe hatte dabei neben dem dekorativen auch einen ganz pragmatischen Nutzen: Schecken waren beim Militär gänzlich unbeliebt und wurden auch in Kriegszeiten, im Gegensatz zu vielen privaten oder bäuerlichen Reit- und Arbeitspferden, niemals eingezogen. Die einzigen Schecken der englischen Armee sind bis heute die beiden mächtigen Paukenpferde der Household Cavallery des Königshauses und man munkelt, dass von diesen nervenstarken Exemplaren sehr wohl einige Tinker abstammen könnten.

Helle und gescheckte Pferde beugen außerdem Unfällen vor, weil sie im Straßenverkehr gut zu erkennen sind. Im Gegensatz zum Schimmel haben Schecken allerdings den zusätzlichen Vorteil, jederzeit als Individuum identifizierbar zu sein. Selbst in einer großen Herde sind sie erkennbar und ihrem Besitzer eindeutig zuzuordnen, was gerade beim verbreiteten „Pferdeklau" von großer Bedeutung war. In diesem Fall waren die Traveller als Analphabeten darauf angewiesen, ihr verlorenes Pferd aufgrund einer differenzierten

Mutter und Sohn: So ähnlich und doch so verschieden! In den Kreisen des fahrenden Volkes war es von unschätzbarer Bedeutung, dass ein Schecke seinem Besitzer stets eindeutig zuzuordnen war...

Beschreibung rasch und eindeutig ermittelbar zurückzuerlangen. Kurzzeitig versuchte man sich auch in der Zucht von Tigerschecken, was aber aufgrund der diffizilen Genetik und damit unsicheren Vererbung bald wieder aufgegeben wurde.

Die Unkenntnis der Schriftsprache erklärt auch die mündliche Überlieferung der Abstammung ihrer Pferde. Vermehrt wurden sie zunächst mehr oder weniger durch Zufall, je nachdem, welche Rasse-Schecken erworben wurden, beziehungsweise welcher fremde Privathengst gerade einmal unbeaufsichtigt auf seiner Koppel nächtigte. Der vierbeinige Freier erhielt dann einfach unverhofften Besuch von einer rossigen Traveller-Stute, denn für Decktaxen hatte man als Mitglied des fahrenden Volkes wirklich kein Geld übrig! Sehr wählerisch konnte man dabei natürlich nicht sein, aber die Traveller bemühten sich selbst bei diesen Zufallslieben darum, die Schwächen und Stärken ihrer Stuten entsprechend zu berücksichtigen: Wenn die Zugpferde zu langsam und zu schwer wurden, nutzte man zum Beispiel Vollblüter oder Traber, temperamentvollere Stuten wurden mit Welsh-Cob, Dales-, Highland- und Fell-Ponys oder sogar mit den mächtigen Clydesdales und Shire Horses gedeckt. Über die großen Kaltblüter, deren Zucht als „Great War Horses" im Mittelalter bei Strafe nur dem Adel vorbehalten war, kam neben dem buchstäblich kaltblütigen Wesen auch friesisches Blut in die Tinkerzucht, was sich heute noch in der auffällig hohen Knieaktion niederschlägt. Alle Fohlen wurden unterwegs geboren und folgten ihren Müttern vom ersten Lebenstag an auf der Straße. Noch heute profitieren die Tinker von der bunten Mischung ihrer Gene und sind im Gegensatz zu so mancher mondänen echten Rasse absolut frei von Erbschäden und Krankheiten.

Vernünftig behandelte und ausgebildete Tinker lassen sich auch durch Kleinkinder nicht aus der Ruhe bringen: Unbedingte Zuverlässigkeit ihrer Pferde war für die Traveller im wahrsten Sinne des Wortes lebenswichtig.

DAS LEBEN AUF DER STRASSE

Die schönste Scheckung hätte nichts genützt, wenn die Leistung und der Charakter nicht stimmte. Schließlich waren die Traveller ständig unterwegs und vertrauten den Pferden ihr ganzes Hab und Gut inklusive Familie an! In fast jedem Wagen hausten neben dem Ehepaar noch mehrere Kinder jeden Alters, die das Zugpferd jederzeit handhaben mussten und es auch mal gerne für einen Ausritt am Strickhalfter nutzten. Der Tinker musste dafür, einspännig gefahren oder geritten, selbst im dichtesten Verkehr ausdauernd und absolut scheufrei sein.

Seine großen Ohren halfen ihm dabei, die Stimme seines Herrn noch im größten Getümmel gut zu erkennen heißt es bei den Traveller. Der schwere Zugpferdtyp wurde als Cob bezeichnet und bis 1970 fast ausschließlich gezüchtet. Dabei ging es nicht um edles Geblüt, sondern um unbedingte Zuverlässigkeit, Menschenbezogenheit und

Nervenstärke, zum Beispiel wenn die Kleinkinder auf dem Rücken oder zwischen den Beinen des Pferdes herumtobten. Diese Ausgeglichenheit und Verkehrssicherheit scheint dem Tinker inzwischen genetisch in die Wiege gelegt zu sein. Ein in vernünftigen Umständen aufgewachsener und sachverständig ausgebildeter Tinker begegnet den meisten Gefahren mit stoischer Ruhe und bleibt auch in heiklen Situationen nach Pferdeverständnis recht gelassen. Das Leben mit dem fahrenden Volk verlangte darüber hinaus von den Pferden eine ungeheure Robustheit und Genügsamkeit. Einen Stall kannten sie nicht, genächtigt wurde unter freiem Himmel. Zu fressen gab es selten genug, sondern nur das, was der Straßengraben eben so hergab.

Einen Schmied bekam der Tinker aus finanziellen Gründen nur äußerst selten zu Gesicht. Das war auch kaum nötig, denn obwohl seine Hufe überwiegend aus weißem Horn bestehen, sind sie doch außerordentlich hart und widerstandsfähig. Zusätzliche, für die oft am Hungertuch nagenden Traveller unmöglich aufzubringende Kosten hätte auch jede Krankheit verursacht. Bevor man also einen Tierarzt holte, behalf man sich lieber mit alten Hausmittelchen, das musste genügen. Üppiges Langhaar und die seidige Fesselbehaarung schützten die Tiere allerdings recht gut gegen jede Art von Witterung und so wurde der Tinker nach und nach, bedingt durch die Lebensweise und die Ansprüche des fahrenden Volkes, zu einem fabelhaft nervenstarken und unglaublich widerstandsfähigen Feld-, Wald- und Wiesenpferd, oder sollten wir lieber Straßenpferd sagen?

Die ganze Zucht der Tinker war also rein gebrauchsorientiert und ausschließlich auf einen möglichst problemlosen und billigen Nutzen als wiehernder Motor des rollenden Eigenheimes ausgerichtet. Erst nach dem zweiten Weltkrieg begann in Irland eine etwas planmäßigere Zucht der gescheckten Pferde, von denen die Traveller übrigens

„Der Kopf wie ein Welsh-Cob, die Aktion wie ein Hackney und der Behang eines Shire-Horses". So sieht nach Meinung der Traveller ein guter Gipsy-Cob aus!

viele vor dem Schlachthaus bewahrt haben. Heute sind die Tiere so begehrt, dass sie zum Beispiel auf dem Londoner Pferdemarkt erst gar nicht mehr abgeladen, sondern sofort aufs Festland verschifft werden.

Doch darüber später mehr. Die irischen Traveller sind heute jedenfalls nicht mehr auf ihre einstigen Wagenpferde angewiesen. Sie halten und züchten die Tiere inzwischen mehr aus Prestige und Statussymbol, haben jedoch nach Pollay ihren eigenen Rassestandard: „Ein guter Gipsy-Cob sollte einen Kopf haben wie ein Welsh-Cob, die Aktion wie ein Hackney und den Behang eines Clydesdales oder Shire-Horses!"

Tinker leben in ihrer Heimat nicht gerade luxuriös. Foto: Klaudia Klömpken

Als „Verlasspferde" für unsichere Reiter, Kinder oder Jugendliche werden Tinker nicht nur in irischen Jagdfeldern eingesetzt.

Tinker in Irland und Großbritannien

In Irland und Großbritannien ist der Irish Tinker als eigentliche Pferderasse nahezu unbekannt und eher unbeliebt. Wenn schon Tinker, dann reicht es vielleicht gerade noch für ein „Tinker Pony", weil im englischen Sprachraum im Allgemeinen jedes kleinere Pferd als Pony bezeichnet wird. Korrekt nennt man unseren Tinker auf den Britischen Inseln „Coloured Cob of Gipsy Type" oder schlicht „Coloured Original", aber es existieren weder Zuchtverband noch Zuchtordnung. Tinker waren schon immer Pferde zweiter Klasse und kennen in der Regel kaum regelmäßiges Futter, Fürsorge oder Pflege. Trotz widrigster Lebensumstände, Wurmbefall und äußerst kargem Nahrungsangebot schaffen es die meisten aber dank ihrer unglaublichen Widerstandsfähigkeit immer wieder, irgendwie durchzukommen und sogar ihre Körperfülle zu halten.

Die Pferde kosteten so gut wie nichts und wurden von unterprivilegierten Stadtkindern gerne als lebendes Spielzeug benutzt. Wenn sie ihrer überdrüssig wurden, oder die Futterbeschaffung zu aufwändig war, ließ man die Tiere einfach frei. Die früher scheinbar herrenlos und halbwild in den irischen Städten umherstreifenden und viele Unfälle verursachenden Tinkerherden sind inzwischen aber weitestgehend verschwunden. Dafür haben Gesetzgebung und Kommunen gesorgt und wer sich heute mitten in der Stadt ein Pferd hält, wird seit Mai 1996 zumindest dahingehend überprüft, ob er das Tier auch einigermaßen versorgt. Außerdem wird die Pferdesteuer eingeführt.

Selbst wenn die Traveller genau wissen, was sie bei ihren Anpaarungen erreichen wollen, werden Tinker in Irland nach unserem Verständnis doch weniger gezüchtet als vielmehr vermehrt: Gedeckt wird frei auf der Weide, Abstammungsnachweise gab es sowieso noch nie. Größere Gruppen befinden sich manchmal in Farmerhand, aber wegen der großen Nachfrage auf dem Kontinent sind viele Weiden inzwischen leer.

Aufgrund ihrer hohen Milchleistung werden Tinkerstuten in Irland sogar für die Vollblutzucht als Ammenstuten genutzt.

Angeritten werden junge Tinker meistens irgendwie im Gelände, nicht selten sogar bei einer irischen Jagd. Der Herdentrieb sorgt dann schon dafür, dass der Tinker selbst ohne vorheriges Training tapfer im Jagdfeld mitläuft. Die massigen, aber trotzdem geschickten Pferde lernen so zwangsläufig, mit einem leichten Reiter oder Kind im Sattel und damit ohne viel zusätzliches Gewicht, problemlos Gräben, Wälle, Steinmauern und Abhänge zu bewältigen. Wassergräben und Flüsse sind bei der Tinkervorliebe für Wasser sowieso kein Problem. Der Reiter muss nur aufpassen, dass sich sein wasserliebendes geflecktes Pferd nicht voller Begeisterung gänzlich in die Fluten wirft! Aufgrund ihrer Zuverlässigkeit werden Tinker später gerne als Jagdlehrpferd für Jugendliche oder in Reitschulen eingesetzt, weil man ihnen nach einer guten Ausbildung selbst unerfahrene Reiter anvertrauen kann.

Wirklich gefragt sind Tinker in ihrer Heimat überraschenderweise in der Vollblutzucht! Häufig werden die Tinkerstuten für rund 1000 Euro Miete plus einem Decksprung von irgendeinem Hengst zu liebevollen Adoptivmüttern für die hochgezüchteten Fohlen der Renner, während ihr eigener Nachwuchs an Stutenbesitzer abgegeben wird, deren Zuchttier gerade ein Fohlen verloren hat. Die erstaunlich fürsorglichen, gefleckten Ammenstuten geben den sensiblen, hochgezüchteten Vollblüterchen so viel Milch und Nervenstärke mit auf ihren Weg ins aufregende Leben, dass das Gewinnen am Ende etwas leichter wird. Auf der Rennbahn selbst ergänzen sich die beiden gegensätzlichen Pferdetypen ein zweites Mal: Angesichts der nervösen Vollblutcracks gibt es kaum ein besseres Reittier als einen coolen Tinker, um die edlen Renner sicher an den Start zu begleiten. Es hat sich jedenfalls kaum jemals ein geschecktes „Trainers Pony" von der allgemeinen Aufregung anstecken lassen.

Neben den Traveller kümmern sich auch zwei englische Interessengemeinschaften, die „British Skewbald and Piebald-Horse Association" und die „Coloured Horse and Pony-Society" ganz allgemein um die Tinker, sie akzeptieren jedoch alle möglichen Pferdetypen und lassen in ihren Shows alle Geschlechter, Größen- und Gewichtsklassen vom gescheckten Shetlandpony bis hin zum Irish Draught Horse gleichzeitig gegeneinander antreten.

Diese bildhübsche Stute ist zwar in Deutschland als Original Irish Tinker eingetragen, wurde jedoch von einer Irischen Richterin als zu stark arabisiert und daher als nicht tinkertypisch angesehen.

Deutsche Gründlichkeit: Die Tinker werden eine Rasse

Die Diskussion darüber ist typisch deutsch und reißt nicht ab: Hält man sich nun an den seit langem bewährten irischen Tinker-Standard oder kreiert man was Neues, das perfekt auf den kontinentalen Vorschriftendschungel zugeschnitten ist? Um ein klar definiertes Zuchtziel zu bekommen, braucht man erst mal eine Rasse, und die muss sich irgendwie durch Reinzucht über mindestens fünf bis sechs eindeutig nachvollziehbare Generationen entwickelt haben. Genau diesen Wunsch konnte der papierlose Tinker-Rassemix den deutschen Schreibtischhengsten mit zwar typvollem, aber doch relativ uneinheitlichem Exterieur nicht erfüllen. Trotzdem (oder gerade deshalb!) kommen immer mehr dieser gescheckten Pferde zu uns. Die geschätzte Dunkelziffer liegt inzwischen bei mehr als 8000 Tieren und damit wurde Deutschland zum neuen Verbreitungsschwerpunkt der Irish Tinker. Inzwischen ist es möglich, Tobiano-gescheckte Tinker beim Zuchtverband für Deutsche Pferde (ZfDP e.V.) als „Pinto-Tinker-Pony" sowie beim Deutschen Pinto Zuchtverband (DPZV e.V.), aber auch bei verschiedenen Landeszucht- oder Spezialrassenverbänden eintragen und Hengste kören zu lassen. Wer hat aber davon einen Nutzen? Überwiegend wohl die einheimischen Züchter, die sich je nach Typ ihres Hengstes glücklicherweise genau an den Verband wenden können, dessen Geschmack sie mit ihrem Pferd am besten treffen. Die Zuchtzielbeschreibungen weichen jedenfalls genügend voneinander ab. Schaut man sich dann ein paar Hengste an, dann fragt man sich beim einen oder anderen Vererber schon, wie viele Points er noch mit einem Original-Tinker gemeinsam hat.

Fast alle ehemals ausländischen, in Deutschland aber inzwischen etablierten Rassen haben diese Entwicklung durchlaufen und mittlerweile schleicht sich auch beim Tinker bereits dezent in Exterieur und Gang das eine oder andere Merkmal eines gescheckten Deutschen Reitponys oder schweren Warmblüters mit längerem Fesselbehang ein. Die Nachzucht dieser Hengste ist nicht selten prämiert und hat natürlich offizielle Papiere.

Hält der einmalige Tinkercharakter diese Germanisierung durch, und wenn nicht, was nützen dann noch die Papiere?

Geraldine Berney, lizensierte irische Richterin, ist zwar insgesamt mehr als zufrieden mit der Qualität und dem Pflegezustand der deutschen Tinker: „Es geht ihnen hier viel besser als in Irland!" Trotzdem traut die Fachfrau lieber ihren geschulten Augen als irgendwelchen Papieren. Sie fragt sich bei einigen eingetragenen Zuchttieren durchaus, welche deutsche Kommission in diesen Pferden jemals einen Tinker gesehen und sie als solche registriert haben mag: „Man kann doch nicht einfach jedes gescheckte irische Pferd mit Behang als Tinker eintragen!" Die Irin rät deshalb zur Vorsicht beim Kauf und hat in Bayern bei von ihr gerichteten reinen Tinkerklassen Pferde mit zu leichtem Fundament oder

Tinker kommen in vielen verschiedenen „Formaten" daher. Ihre rassetypischen Merkmale sind aber in allen Größen- und Gewichtsklassen stets eindeutig erkennbar.

gar arabisiert wirkenden Köpfen strikt abgewertet.

Selbst wenn die Deutsche Reiterliche Vereinigung (FN) den Tinker inzwischen als „Rasse im Aufbau" deklariert, so scheint sich momentan jeder und doch keiner für die Tinker zuständig zu fühlen. Man hat ein bisschen den Eindruck, dass in Deutschland ohne den entsprechend kompetenten Background eine neue Rasse mit normgetreuer Zuchtordnung in einer Art zusammengebastelt werden soll, die man in der Heimat dieser Pferde bis heute noch nicht vermisst und wohl auch in Zukunft nicht vermissen wird.

EXTERIEUR UND GÄNGE: MIX AUS KALTBLUT UND PONY

Obwohl der Tinker in seiner Heimat keine richtige Pferderasse ist, so hat er doch eine relativ einheitliche, typvolle Erscheinung. Man sieht ihm die vielen Einflüsse, die bei seiner Entstehung beteiligt waren, heute noch an: Vom charmanten Witz der Ponys bis hin zur Masse und dem dichten Fesselbehang der großen Kaltblüter ist alles vertreten! Einen Original-Tinker erkennt man trotz einer großen Bandbreite in Größe und Gewicht auf Anhieb und das nicht nur wegen seiner auffälligen Scheckzeichnung: Tinker sind mit 135 bis 158 Zentimeter Stockmaß (es gibt aber auch größere und kleinere!) und 450 bis 700 Kilogramm Körpergewicht mittelgroße, manchmal aber fast tonnenförmig breite Pferde mit äußerst stabilem Fundament, langem Rücken, stark abfallender, aber muskulöser, oft gespaltener Kruppe und tiefem Schweifansatz. Quadratisch gebaute Pferde kommen bisweilen aber auch vor. Die Schulter ist zugpferdetypisch recht steil mit wenig Widerrist, der kurze, tief angesetzte Hals muskulös mit genügend Aufrichtung.

Etwas derbe, nicht immer korrekte Gliedmaßen tragen den massigen Körper, die kuhhessige oder säbelbeinige Stellung

der Hinterbeine ist ebenfalls charakteristisch für viele Zugpferderassen. Die tellerförmigen, flachen Hufe haben eine gute Hornqualität, Kronenrandflecken sind nicht selten. „Federn" nennt man den langen, seidigen, manchmal etwas gelockten Kötenbehang, der vorne manchmal schon knapp unter dem Karpal-, hinten unterhalb des Sprunggelenkes beginnt und oft den ganzen Huf bedeckt.

Der kräftige Tinkerkopf wirkt zusammen mit den langen, innen stark behaarten Ohren und der lang gestreckten konvexen (selten geraden) Nasenlinie etwas plump, hat aber einen sympathischen Ausdruck und tritt auch schon bei Fohlen typisch hervor.

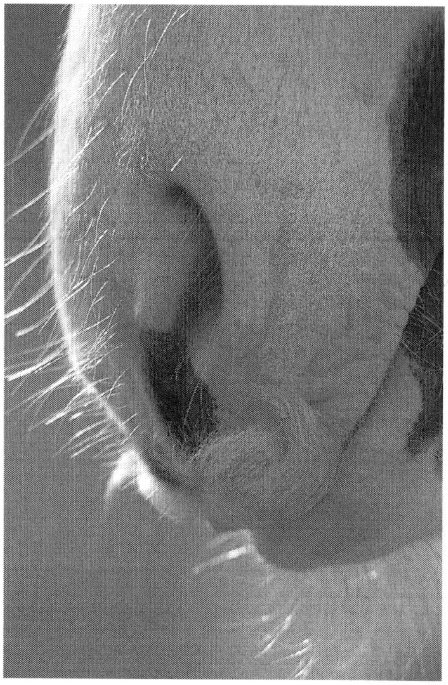

Manche Tinker - auch Stuten! - ziert ein außergewöhnlich dekorativer „Kaiser-Willhelm-Bart".

Auf Anhieb sympathisch: Ein Tinkerfohlen schaut neugierig, aber gelassen in die Kamera. Typisch die schon in jungen Jahren deutlich erkennbare, leicht konvexe, langgestreckte Nasenlinie.

Manche Tinker haben blaue Augen, was aber ihre Sehfähigkeit keineswegs beeinträchtigt.

Rundliche, freundliche Augen schauen wach aber gelassen in die Welt und haben bei entsprechendem Weißanteil oft Menschenaugencharakter. Je nach Lage der Abzeichen können sie auch zweifarbig oder blau sein und heißen dann Fisch- oder Glasaugen. Auffällig ist der Ziegenbart an der Kopfunterseite, der dem Tinker zusammen mit dem üppigen Langhaar ein uriges Aussehen verleiht. Die langen Tasthaare der Oberlippe zwirbeln sich manchmal zum so genannten „Kaiser-Wilhelm-Bart".

Alle Gänge sind beim Tinker trittsicher, flüssig, schwungvoll und trotzdem sehr bequem zu sitzen. Tinker haben von Natur aus einen fleißigen, exterieurbedingt etwas vorderlastigen Schritt mit genügend Schub aus der Hinterhand. Der Trab ist raumgreifend und trotz bisweilen recht hoher Knieaktion sehr ausdauernd. Entsprechend ihrer Kaltblut- und Ponyvorfahren fehlt den Tinkern als typische Schritt- und Trabpferde im Galopp zwar die Ausdauer, aber das lässt sich durch Training verbessern. Die Gangart wirkt dann in Verbindung mit den wehenden Fesselbehängen ziemlich beeindruckend, ist rund und gut gesprungen.

COOL IN JEDER HINSICHT: DAS INTERIEUR

Selbst wenn bei der Entstehung der Tinker viele Rassen mitgemischt haben, so ist das Endprodukt doch eindeutig kaltblütig und das in jeder Beziehung! Rümpfen Sie also nicht die Nase über das Phlegma eines Tinkers, sondern freuen Sie sich lieber über die unerschütterliche Ruhe, die von diesen Pferden ausgeht. Kaltblüter stammen überwiegend von eiszeitlichen Tundrenpferden ab. Noch heute erstarren diese waldreichen Regionen im Winter in eisiger Kälte. Im Sommer mussten daher wertvolle Nahrungsreserven geschaffen werden und das ging nur durch ununterbrochenes Fressen. Genau das war allerdings im aufgetauten, schlammigen Boden bei miserabler Nahrungsqualität gar nicht so einfach. Um nicht plötzlich in einem Sumpfloch zu versinken setzten diese relativ anspruchslosen, aber aufgrund der widrigen Umstände ständig zum Fressen angehaltenen Pferde ihre breiten Hufe im schweren, weichen Boden nur sehr bedächtig Schritt für Schritt voran. Dichtes Langhaar schützte die Pferde vor den lästigen Stech-, und Griebelmücken. Bei Gefahr konnten sie in diesem schwierigen Gelände zwischen all den Bäumen hindurch ihr Heil unmöglich in einer kopflosen Flucht suchen wie etwa ihre leichtfüßigen Kollegen aus den trockenen Steppengebieten. Ihre einzige Chance lag im gesunden Misstrauen, neugierigen Betrachten oder überlegten Einschätzen einer Situation. Im Zweifelsfall gingen sie dann mit unerschütterlichem Nervenkostüm zielstrebig durch dick und dünn und walzten Hindernisse einfach nieder. Na, erkennen Sie Ihren Tinker wieder?

Faul? Gefräßig? Die meisten Vorfahren der Tinker lebten überwiegend in waldig-morastigen Tundrengebieten. Nur bedächtige, anspruchslose Pferde konnten in diesem unwegsamen Gelände bei spärlichstem Nahrungsangebot überleben.

Bevor man also einen Tinker als dick, dumm, faul und gefräßig abtut, sollte man sich erst mal mit seinen Vorfahren beschäftigen, dann sieht man nämlich Tinker mit ganz anderen Augen. Natürlich bestimmen Herkunft, Aufzucht, Ausbildung und Haltung ganz erheblich den individuellen Charakter eines jeden Pferdes und man weiß gerade bei Tinkern nie, was sie schon alles durchgemacht haben. Wenn man aber zusätzlich den Fehler macht, diese Pferde zum Beispiel wie Warmblüter zu behandeln oder einzuschätzen, wird man mit ihnen wahrscheinlich nie ganz glücklich werden. Bevor sie zum ersten Mal mit Tinkern zu tun haben, haben leider nur wenige Pferdeliebhaber die Chance, Erfahrungen im Umgang mit Kaltblütern zu sammeln und daher verhalten sich diese Schecken ihrer Ansicht nach auch völlig anders, als sie es bisher von Pferden kannten. Zunächst reagiert man verwirrt, später vielleicht sogar ärgerlich, obwohl man den Tinker einfach nur falsch versteht! Wer ist dann aber wirklich schuld an den Problemen?

Die anfängliche Zurückhaltung eines Tinkers kann selbst beim besten Umgang bis zu einem Jahr andauern, ist aber nur das artspezifische Misstrauen. Die für uns scheinbare Sturheit auf dem Reitplatz ist für den Tinker nichts anderes als bedächtiges Umgehen mit neuen Lerninhalten. Genau diese Eigenschaft kann uns aber wiederum im Gelände, wenn unerwartet ein Mähdrescher um die Ecke biegt, höchst willkommen sein! Was wäre, wenn der Tinker dann auf einmal so schnell reagieren würde, wie wir es bei der Reitstunde von ihm erwarten? Wie soll ein Pferd die verschiedenen Erwartungshaltungen seines Reiters verstehen? Vermeiden Sie daher unbedingt ständige Kraftproben zwischen sich und Ihrem Tinker, die lediglich auf falsch verstandenen Verhaltensweisen beruhen. Natürlich gibt es Situationen, in denen Sie auch einmal konsequent durchgreifen können und müssen. Auf regelmäßig ungerechte Behandlung reagieren Tinker allerdings äußerst sensibel, und Sie erhalten auf Dauer wahrscheinlich entweder ein wirklich stures, phlegmatisches Pferd, das bei jeder Anforderung sofort dichtmacht, oder einen Kaltblüter, der für sich entschieden hat, dass Sie das Hindernis sind, das es niederzuwalzen gilt! Tinker werden dann auf einmal äußerst kreativ und entwickeln über die Sturheit hinaus Techniken des Widerstandes, die Sie sich in Ihren kühnsten Träumen nicht ausmalen können. Von Haus aus bösartige, völlig unberechenbare Tinker gibt es eigentlich nicht. Es muss schon eine Menge passieren, bis ein Tinker die Geduld verliert und neben seinen aus purer Lebenslust verübten freudigen Hupfern (zum Beispiel über eine neue, große Koppel) rabiate Temperamentsausbrüche, unkontrollierbare Bocksprünge und Schreckreaktionen in sein Verhaltensrepertoire aufnimmt. Irgendwann ist aber jedes Maß voll und niemand kann eben genau sagen, was ein Importtinker schon alles hinter sich hat, bevor er bei uns landet. Manche Pferde reagieren zum Beispiel überaus ablehnend auf Männer, weil sie sich genau an die Quälereien beim Transport erinnern.

Wirklich überzeugen können Sie einen anfangs zurückhaltenden, fast scheuen Tinker am besten durch artgerechte Ausbildung und Haltung sowie durch einen dauerhaft fachgerechten Umgang mit wenigen Bezugspersonen. Nur dann werden Sie in den Augen Ihres Pferdes zum überlegenen Artgenossen, bei dem es sich gut aufgehoben und sicher fühlen kann. In der Folge wird Ihnen ein plötzlich überraschend feinfühliger Tinker von seiner Seite aus dauerhaft das Vertrauen und damit in unseren Augen genau den Gehorsam schenken, der für eine harmonische Beziehung unverzichtbar ist.

Von Haus aus bösartige Tinker gibt es eigentlich nicht. Diese Stute reagiert nur aggressiv, wenn sich Männer ihrer Box nähern. Sie hat vermutlich Angst, dass sich die Quälereien des Transportes wiederholen. Außerhalb des Stalles verhält sie sich gegenüber Männern, Frauen und Kindern gleichermaßen freundlich.

DIVERSE TYPEN UND IHR CHARAKTER

Tinker sind im Allgemeinen sehr leistungsfähige und willige Pferde mit je nach Blutzusammensetzung mehr oder weniger ausgeprägten Persönlichkeiten. Neben dem kleinen Ponytyp lassen sie sich in der Regel trotz verschiedener Größen in zwei Klassen einteilen und je nach Mischung tritt dabei mehr der eine oder der andere Vorfahre charakterlich und körperlich zu Tage: Der schwere, eindeutig kaltblütig wirkende Cob ist das klassische Traveller-Wagenpferd und geht noch heute in Irland vor der Kutsche, der leichtere, aber immer noch tinkertypische Reitpferdetyp hat meistens Traberblut und ist ein recht vielseitiges Gebrauchs- und Freizeitpferd. Obwohl diese Tinker in Deutschland mittlerweile als „Vanner" bezeichnet werden, ist dieser

Leichtere Tinker werden in Irland gerne für Trabrennen eingesetzt. Sie sind aufgrund eines hohen Vollblutanteils recht nervig und damit gänzlich ungeeignet fürs geruhsame Freizeitreiten. Witzig auch das Schild, das ein Anbinden von Pferden an den Zaun untersagt! *Foto: Heike Lauger*

Dieser mittelgroße, nicht zu schwere Tobiano Schecke mit rezessivem Overo-Gen galoppiert in wunderbarer Selbsthaltung über seine große Koppel. Wenn sie keine schlechten Erfahrungen mit Menschen gemacht haben, sind Pferde dieses Typs überraschend willig, arbeiten gut mit und lassen sich nur schwer aus der Ruhe bringen.

Begriff nach Aussagen einer irischen Richterin in Irland eigentlich nicht gebräuchlich. Völlig uninteressant für echte Tinkerfans sind die extrem leichten Exemplare, die in ihrer Heimat bei Trabrennen eingesetzt werden. Sie entstehen unter anderem, wenn die Traveller als Gegenleistung für den Ammenstutenverleih einen Vollblutdecksprung erhalten. Sie sind auch in Irland als recht problematische Mischung bekannt. Die zwar oft gescheckten, aber ungestümen Halbblüter werden also nicht nur aufgrund der steigenden Nachfrage bisweilen gerne als Originaltinker angeboten. Lassen Sie unbedingt die Finger von solchen Pferden! Sie erkennen sie an den hübscheren, zierlicheren Köpfen, einem leichteren Gebäude und dem spärlicheren Behang. Mit ihrem fast hypersensiblen, nervigen Verhalten sind das beim besten Willen keine typischen Tinker mehr.

Sehr schwere, große Tinker mit hohem Kaltblutanteil neigen eher dazu, etwas phlegmatisch zu sein. Anfangs scheinen diese Tiere dickköpfig, unsensibel und stur zu sein und überfordern damit jeden Anfänger, obwohl sie dazu neigen, sich gerade diese Pferde zu kaufen. Um die Beziehung nicht in ständigem Kampf enden zu lassen, brauchen diese Tinker einen erfahrenen Ausbilder, der genau die Grenzen kennt, wo charakterlich bedingte Behäbigkeit in Ungehorsam mündet. Ist das erst einmal geklärt, entwickeln sich diese Tinker zu höchst verlässlichen Pferden. Sie sind ideale Freizeitpartner, denen man unter Aufsicht jederzeit auch einen Anfänger anvertrauen kann.

Am umgänglichsten und coolsten geben sich meistens die mittelgroßen, kräftigen Tinker. Wenn sie aus einer guten Zucht stammen und keine schlechten Erfahrungen im Umgang mit Menschen haben, machen sie von Anfang an gut mit und lassen sich durch nichts aus der Ruhe bringen.

FELLFARBEN: VON PIEBALDS UND SKEWBALDS

Es scheint so einfach zu sein: Tinker sind gescheckt! Damit geben sich aber echte Pferdekenner nicht zufrieden und unterscheiden zunächst einmal verschiedene Scheckfarben: Die am häufigsten auftretenden Rappschecken nennt man „Piebald", „Skewbald"-Tinker sind Braun- oder Fuchsschecken. Manchmal sitzen kleine Kontrastpunkte, so genannte Inkspots, in den jeweils anderen Farbflächen. Braunschecken mit schwarzem Langhaar und die außergewöhnliche Palominoscheckung „Lemon and White" trifft man seltener an. Besonders attraktiv wirken die verschiedenen Farbkontraste, wenn sie sich auch im Langhaar fortsetzen. Aber egal welche Farbe: Tinkerköpfe sind oft dunkel und tragen Abzeichen wie andere Pferde, meistens jedoch breite Blessen. Ungewöhnliche Farbverteilungen im Gesicht können manchmal zu einem originellen, witzigen Tinker-Look führen. Diese Pferde haben dann im englischen Sprachgebrauch ein „Funny Face". Wenn die weißen Abzeichen über die Augen hinübergehen, können diese ebenfalls ihre Pigmentierung verlieren und zweifarbig oder ganz blau werden. Die Sehfähigkeit wird dadurch aber nicht beeinträchtigt. Vereinzelt kommen auch Marmor- oder Porzellanschecken („Blue/Red Roan and White"), deren Flecken im Laufe der Zeit oft verblassen, beziehungsweise einfarbige oder stichelhaarige Tinker („Blue Roan" oder „Red Roan") vor. In ihrer Heimat sind diese Pferde aber keineswegs beliebt, werden nicht zur Zucht verwendet und sind daher billiger als Zuchtpferde zu haben.

Neben den Farben differenziert man auch die Art der Scheckung, die von kleinen Farbtupfern bis hin zu großen, fast den ganzen Tinker bedeckenden Farbflächen

Palominogescheckte Tinker sind sehr selten. In Irland nennt man diese Farbe „Lemon & White". „Tinka Shawnee's Fellow" wurde von ihrer Besitzerin Iris Muhm ausgebildet und ist in Österreich ein bekanntes Showpferd.

Tinker sind spätreif und erst mit fünf Jahren voll ausgewachsen. Dieser dreijährige, stichelhaarige Overo-Blue-Roan-Hengst hat noch ein richtiges „Babygesicht". Die dunklen Ohren sind das I-Tüpfelchen seiner originellen Zeichnung.

variiert: Ruhige Flecken mit glatten Rändern, weißer Rückenlinie und meistens weißen Beinen werden als Tobiano-Schecken bezeichnet. Tobianofärbung ist genau das, was man sich unter einem Tinker vorstellt. Die selteneren Overo-Schecken sind wenig erwünscht. Ihre unruhig verteilten, an ihren Rändern ausgefransten Stellen laufen auch über die Rückenlinie. Rezessive, das heißt genetisch vorhandene, aber nicht voll durchgeschlagene Overo-Gene machen sich in Stichelhaaren, Inkspots oder den blauen Glasaugen bemerkbar. Diese Pferde vererben sich oftmals „einfarbig".

Bei markanter, auffälliger Zeichnung mag man den Coloured Cob auf den britischen Inseln mit viel Weiß im Gesicht, die Flecken können sich auf Brust, Bauch und Schweifansatz beschränken. Ansonsten bevorzugt man überwiegend eine 50:50 Scheckung mit unregelmäßig auf dem ganzen Körper verteilten Flecken. Welche Tinkerfarbe oder -zeichnung Ihnen persönlich am besten gefällt, ist reine Geschmackssache. Auswahl gibt es jedenfalls mehr als genug, und jeder Schecke ist absolut einmalig!

Einfarbige Tinker kommen meistens als Rappen mit weißen Abzeichen vor und werden bei uns gerne von ehemaligen Warmblutreitern gekauft.

Typisch Tinker: Die ganz besonderen Eigenheiten

Natürlich haben wir es hier mit ganz besonderen Pferden zu tun, selbst wenn das jeder Fan von seiner Rasse behauptet! Wenn sie nicht verdorben wurden, begeistern gut ausgebildete Tinker mit ihrem einzigartigen Temperament als liebenswerte Zeitgenossen Fachleute genauso wie Laien und das nicht nur wegen ihres üppigen Langhaares und der Puschel an den Beinen. Diesen attraktiven Accessoires haben wiederum zum Beispiel selbst die Friesenpferde einen großen Teil ihrer Popularität zu verdanken. Deren hohe Aktion haben Tinker allerdings teilweise auch und darüber hinaus noch unendlich viele Farben und Muster dazu!

Aber Spaß beiseite. Genau auf diese bunten Fellfarben sind Tinker nämlich regelrecht programmiert. Pferde werden schon von Geburt an auf die Fellfarbe ihrer Mutter geprägt, und die ist bei Tinkern eben meistens gescheckt. Sie gliedern sich daher trotz ihrer Verträglichkeit nicht immer sofort in eine einfarbige Pferdeherde ein. Stets in der hoffnungsvollen Erwartung, einen der Mutter ähnlichen Artgenossen zu treffen, steuern sie nach dem Motto „Gleich und Gleich gesellt sich gern" völlig begeistert jeden gescheckten Vierbeiner an, der ihnen so über den Weg läuft. In unseren Breitengraden sind das zwar nicht immer unbedingt Pferde, aber das stört einen echten Tinker nicht: Alles Scheckige, ob Hund, Ziege oder Kuh, wird regelmäßig erwartungsvoll beschnuppert und wir können uns darüber scheckig lachen.

Ebenso enthusiastisch reagieren Tinker übrigens auf Wasser, in dem sie hingebungsvoll herumplanschen und sich nicht selten am liebsten gleich hineinlegen wollen - also Vorsicht bei Wasserdurchquerungen!

Überaus sorgfältig gehen unsere Protagonisten hingegen mit allem um, was kleiner als sie ist. Nachdem das im Verhältnis zum

Pferdekörper eigentlich für alle Menschen zutrifft, vermitteln Tinker auch Anfängern von vorneweg ein sicheres Gefühl. Stuten entwickeln Hunden und Kindern gegenüber fast mütterliche Gefühle und achten wie bei ihren Fohlen aufmerksam darauf, sie nicht zu verletzen. Gut ausgebildet werden sie deshalb zu idealen Babysittern unserer jüngsten Reiter.

Tinker können aber darüber hinaus noch mit einigen speziellen Eigenschaften aufwarten, von denen Sie wissen sollten, damit Sie am Ende nicht total verunsichert werden oder gar den Tierarzt holen: Wenn man über eine längere Zeit hinweg mit vielen verschiedenen Tinkern zu tun hat, fällt einem eine Besonderheit auf, die bei keiner anderen Pferderasse so gehäuft auftritt: Viele der gewöhnlich eher ruhigen Tinker verhalten sich nämlich rein akustisch gesehen ungewöhnlich auffällig! In ihren Ruhe- und Schlafphasen geben Tinker regelmäßig diverse Grunz-, Schnaub-, Schnarch- und Stöhnlaute von sich. Sie stampfen im Stehen auch scheinbar unmotiviert mit den Hinterfüßen auf. In Irland hält man dieses Verhalten für eine Art Verständigung unter den Tinkern, man kann das Stampfen aber auch bei Shire-Horses oder Clydesdales beobachten. Bei diesen Pferden wird es vermutlich durch eine Irritation oder Juckreiz zum Beispiel durch Milben im Behang ausgelöst, was ja bei Tinkern ebenfalls möglich sein könnte. Mehr dazu finden Sie im Kapitel über die typischen Tinkerkrankheiten. Oft schließen sich jedenfalls weitere Tinker dem Verhalten an und die ganze Gruppe führt dann ein regelrechtes Stampfkonzert auf. Normalerweise wären diese Geräusche und Verhaltensweisen ein Alarmsignal für eine Kolik, aber bei Tinkern muss man sie differenzierter und gelassener betrachten. Lernen Sie aber, diese Dinge einzuschätzen, damit der Tierarzt in einem echten Krankheitsfall auch rechtzeitig benachrichtigt wird!

Krank wird der irische Schecke wahrscheinlich auch, wenn er zu früh geritten

Von Geburt an auf „Bunt programmiert" suchen Tinker erwartungsvoll die Gesellschaft aller gescheckten Vierbeiner, stets in der Hoffnung, einen Artgenossen zu treffen...

Dieser Skewbald-Fuchsschecke freut sich gemeinsam mit seiner Reiterin über die Gelegenheit zum Plantschen. Tinker lieben Wasser!

wird. Wie alle Kaltblüter sind Tinker spätreif und erst mit rund fünf Jahren ausgewachsen und voll belastbar. Obwohl sie schon recht groß wirken, haben die Pferde in jüngeren Jahren noch ein richtig unfertiges Babygesicht. Leider nimmt man in Irland nicht besonders viel Rücksicht darauf, spannt Tinker bereits ab dem zweiten Lebensjahr ein und setzt sich dann auch schon mal auf den scheinbar so kräftigen Rücken. Bitte machen Sie das nicht nach! Ab drei bis vier Jahren können Sie Tinker zwar schon vorsichtig anreiten, sollten das Pferd aber gleichzeitig an der Hand gymnastizieren und mit Hilfe von Bodenarbeit spielerisch und sorgfältig auf seine zukünftigen Aufgaben vorbereiten. Dies fördert auch den Zusammenhalt zwischen Mensch und Pferd! Bei importierten Tinkern ist eine Altersbestimmung anhand des Gebisses bisweilen nicht unproblematisch, da sich die Zähne je nach irischen Aufzuchtbedingen und Bodenbeschaffenheiten übermäßig stark abnutzen können. Die Pferde erscheinen dann älter, als sie tatsächlich sind!

Enttäuscht werden Sie vielleicht, wenn Sie versuchen, einem Tinker ein Leckerli zu reichen. Die meisten Pferde wachsen in Irland nahezu halbwild und ohne große Zuwendung vom Menschen auf, wobei sie sich ihr Futter irgendwo zusammensuchen. Sie können daher die diversen Leckerli, mit denen Menschen normalerweise ihre Pferde verwöhnen, nicht kennen, und was der Bauer nicht kennt, das frisst er nicht - was heißen will: Ihr Tinker verschmäht Leckereien wie hartes Brot, Äpfel, Möhren, diverse Belohnungsfutterwürfel und sogar Zuckerwürfel, was aber bei Letzteren nur gut für ihn ist, denn auch Pferde bekommen Karies. Bei den übrigen, gesünderen Varianten müssen wir uns schon etwas einfallen lassen, um die Pferde auf den Geschmack zu bringen. Stecken Sie dem Tinker regelmäßig kleine, saftige Stücke seitlich ins Maul oder mischen Sie nach und nach immer mehr leckere Brocken ins Futter. Eine andere Möglichkeit ist die großzügige Versorgung anderer Pferde mit Leckereien, immer unter der Aufsicht Ihres enthaltsamen Lieblings. Neugierde und Futterneid werden gehörig mit dem Misstrauen aufräumen und sicher freut sich dann in absehbarer Zeit auch Ihr Tinker über die geschmackvollen Gaben. Selbsttränken sind vielen Tinkern ebenfalls unbekannt, und die Pferde müssen gezielt daran gewöhnt werden. Zeigen Sie Ihrem Tinker mehrmals täglich geduldig, wie es funktioniert, dann wird er sich schnell an das System gewöhnen.

An Leckerli müssen Sie so manches Importpferd erst gewöhnen. Wenn es aber erst mal „auf den Geschmack gekommen ist", wird es Ihnen sicher gerne „aus der Hand fressen".

Spielerische Bodenarbeit fördert schon in jungen Jahren den Zusammenhalt zwischen Mensch und Pferd. Dieser Tinkerjährling ist engagiert bei der Sache und bewältigt die Aufgabe geradezu spektakulär!

Seien Sie selbstkritisch! Manchmal ist es durchaus sinnvoll, den Kaufpreis für ein eigenes Pferd zunächst lieber dafür zu verwenden, sich selbst als Reiter und Pferdefreund besser aus- und weiterbilden zu lassen. Sie können später immer noch stolzer Pferdebesitzer werden - aber einer mit mehr Sachverstand! Ihr zukünftiger Vierbeiner wird's Ihnen danken.

Tinkerkauf: Ein Traum wird wahr

Sie wollen Pferdebesitzer werden? Warum eigentlich? Eignen Sie sich überhaupt dazu? Wundern Sie sich nicht über diese Fragen! Die Beschäftigung mit Pferden ist eines der vielseitigsten aber auch zeitintensivsten Hobbys überhaupt. Klären Sie also VOR einem geplanten Pferdekauf unbedingt ein paar wichtige Fragen zu Ihrer Person. Sie würden damit sich selbst und auch dem Pferd, das Sie dann vielleicht gar nicht mehr oder erst zu einem günstigeren Zeitpunkt kaufen, eine Menge Probleme ersparen. Mangelnde Kenntnisse können Sie aufholen, fehlende Zeit durch Geld ersetzen, indem Sie Ihr Pferd zum Beispiel ab und zu bereiten lassen oder in Ausbildung geben. Mangelndes Geld lässt sich eventuell durch Mitarbeit im Stall und damit indirekt durch zur Verfügung gestellte Zeit kompensieren. Wenn aber Geld und Zeit fehlen, dann wird es für das eigene Pferd kritisch und Sie sollten in seinem und Ihrem Interesse besser darauf verzichten. Leider stehen in Deutschland viele unüberlegt auf die Schnelle gekaufte Tinker nutzlos herum und das haben sie nicht verdient. Also seien Sie ehrlich und checken Sie Ihr Talent zum Pferdebesitzer:

• *Habe ich überhaupt genügend Pferdeverstand, um einem eigenen Tinker gerecht zu werden?*
Dies ist eine heikle Frage und wird, gerade wenn es um Tinker geht, nicht selten vorschnell mit „Na klar" beantwortet. Man weiß immerhin wo vorne und hinten ist, kennt Schritt, Trab und Galopp und kann Tinker jederzeit von Haflingern unterscheiden. Das reicht doch, oder? Denkste! Unterschätzen Sie den angeblich so gelassenen Tinker nicht! Die Ruhe kann bei unsachgemäßer Behandlung schnell in Sturheit umschlagen. Daran sind dann alleine Sie schuld, nicht der Tinker! Glauben Sie nur nicht, dass ein eigenes Pferd auf Anhieb viel besser funktioniert als die „lah-

men Schulpferde", mit denen Sie bis jetzt zu tun hatten. Das Gegenteil ist der Fall: Weil es überwiegend mit Ihnen zu tun hat, reagiert Ihr Privatpferd viel sensibler auf Ihre Wissenslücken und gewöhnt sich Unarten schneller an, als Sie sich vorstellen können. Schulpferde werden hingegen im Idealfall regelmäßig korrigiert oder von guten Reitern geritten, bei denen sie sich solche Mätzchen nicht erlauben können, und das macht sie dann zunächst auch bei Ihnen wieder etwas gefügiger. Also, zu welcher Sorte Schulpferdereiter gehören Sie? Wie reagieren die Schulpferde auf Ihre Bemühungen? Beobachten Sie erfahrene Reiter, lesen Sie Fachliteratur und schauen Sie Pferden auf der Koppel zu, um mehr über ihr Verhalten zu erfahren. Sammeln Sie so viel Wissen wie möglich, um Ihren zukünftigen Kameraden möglichst gut verstehen zu können.

• *Werde ich in fünf Jahren immer noch Zeit fürs Pferd und Interesse am Reiten haben?*
Urlaub, Krankheit, Geburtstag, Familie, Examen, Hausaufgaben, der neue Freund, Eiseskälte, Regenstürme... Das sind nur wenige Gründe, die einen davon abhalten können, zum Stall zu gehen. Gerade bei Teenagern darf man nicht vergessen, dass der Traum vom eigenen Pferd mit 15 oder 16 Jahren meistens durch Discobesuche ersetzt wird! Die Aussage „Ich muss noch zum Pferd" sagt alles, kommt aber bei den meisten Pferdebesitzern vor. Ein Tinker ist nicht unbedingt ein Einmannpferd, aber Sie sollten bereits vor dem Kauf wissen, wer sich im Krankheits- oder Urlaubsfall um Ihren Liebling kümmern soll.

• *Habe ich genügend Zeit, um ein eigenes Pferd regelmäßig zu betreuen?*
Proben Sie ruhig mal den Ernstfall: Versuchen Sie, in der schlechten Jahreszeit täglich in Ihrem Reitstall aufzutauchen und dort mit anzupacken oder zu reiten. Je nach Fahrtzeit müssen Sie mit ein bis drei Stunden pro Tag rechnen, wenn Sie einem Pferd hinreichend gerecht werden wollen. Bei Selbstversorgern bleibt nicht viel Zeit zum Reiten und selbst eine artgerechte Offenstallhaltung entbindet nicht von Fürsorge, Ansprache und Bewegung für das Pferd. Wenn die Zeit schon nach acht oder zehn Wochen knapp wird, dann Hände weg vom eigenen Pferd! Probieren Sie es lieber erst einmal mit einem Pflegepferd, für das Sie einige Tage in der Woche zuständig sind. Sie bekommen keines angeboten? Dann sollten Sie ernsthaft Ihre Reitkenntnisse vertiefen und erst mal auf ein eigenes Pferd verzichten! Das führt uns zur nächsten Frage:

• *Wie gut sind meine Reitkenntnisse?*
Es heißt zwar, dass man auf einem eigenen Pferd besser reiten lernt, aber das ist nur die halbe Wahrheit! Ein eigenes Pferd müssen Sie möglichst täglich reiten, während Sie Reitstunden in der Regel ein- bis zweimal wöchentlich nehmen. Damit ergibt sich rein rechnerisch eine größere Praxis, aber dazu brauchen Sie nicht unbedingt ein eigenes Pferd. Auf den vielen verschiedenen Schulpferden können Sie Ihre Kenntnisse nämlich wesentlich gründlicher vertiefen! Jedes Pferd reagiert anders und je mehr verschiedene Pferde Sie reiten, desto mehr Erfahrungen können Sie sammeln. Stecken Sie selbst bei geringen Zweifeln den Kaufpreis lieber noch für ein bis zwei Jahre in qualifizierten Unterricht, und wenn Sie in Ihrer Reitschule nicht zufrieden sind, dann wechseln Sie eben den Stall. Bemühen Sie sich um einen besseren Sitz und um eine feinere Einwirkung. Jedes Pferd, auf das Sie sich später setzen wird es Ihnen danken.

• *Was will ich mit dem Pferd machen, wie will ich es nutzen?*
Sie können Pferde fahren oder reiten, und das auch noch in verschiedenen Stilrichtungen. Fast jedes Land hat da so seine eigene Philosophie und die ist dann auch mit der dafür gezüchteten Pferderasse gekoppelt. Je mehr Sie über die einzelnen Reitstile und

Eine fundierte Ausbildung von Reiter und Pferd ist unerlässlich für ein harmonisches Gesamtbild und eine erfolgreiche Zusammenarbeit. Dieser fast einfarbige Tinker geht völlig zufrieden und konzentriert unter seiner gezielt auf ihn einwirkenden Reiterin. Gutes Reiten lernt man allerdings nicht in ein paar Stunden!

Pferde wissen, desto genauer können Sie sich für eine bestimmte Rasse entscheiden beziehungsweise wirklich sicher sein, dass ein Tinker genau das Richtige für Sie ist. Wenn Sie nämlich davon träumen, irgendwann einmal auf höherem Niveau Iberisch, Englisch oder Western zu reiten, dann klappt bei einem Tinker vielleicht noch der spanische Schritt, eine Traversale oder ein geruhsamer Rollback, bei Passage, starkem Trab oder Sliding Stop stößt der Tinker allerdings schnell an seine Grenzen. Bitte ersparen Sie es Ihrem bunten Iren, dass er nach einem Jahr, kaum dass er sich an Sie gewöhnt hat, durch einen spanischen Andalusier, einen deutschen Hannoveraner oder durch ein amerikanisches Paint Horse ersetzt wird. Wenn Sie dagegen am liebsten gemütlich durchs Gelände reiten, dabei eventuell über einen umgestürzten Baumstamm springen und ab und zu auf dem Platz etwas Pferdegymnastik betreiben wollen, dann werden Sie mit einem Tinker bestimmt glücklich.

Spanischer Schritt - soviel „iberisches Reiten" können Sie einem Tinker durchaus zumuten. Bei speziellen, besonders anspruchsvollen Lektionen einzelner Reitstile werden die Schecken allerdings irgendwann einmal an ihre körperlichen Grenzen stoßen. Bitte überlegen Sie also VOR einem Kauf genau, was Sie mit Ihrem Pferd später alles anstellen möchten.

• *Habe ich genügend finanzielle Reserven, um das Pferd langfristig zu versorgen?*

Der Kaufpreis ist meistens die geringste Summe, die für ein Pferd anfällt. Der eine oder andere Käufer kratzt diese Summe vielleicht mit Mühe und Not zusammen und vergisst dabei ganz die Folgekosten. Die sind übrigens für jedes Pferd gleich, egal wie viel oder wie wenig es gekostet hat: Stall und Futter (monatlich je nach Qualität und Lage 100 bis 750 Euro), Zubehör (Sattel, Trense, Putzzeug), Schmied (alle acht bis zehn Wochen) und Tierarzt (Impfungen und Wurmkuren) wollen bezahlt werden! Wenn Sie die Gesundheit des Pferdes nicht unnötig aufs Spiel setzen und damit noch mehr Kosten produzieren wollen, können Sie bei diesen Dingen nur sehr bedingt ans Sparen denken. Die Hufeisen? Selbst wenn Ihr Pferd barfuß geht, müssen seine Hufe regelmäßig vom Schmied ausgeschnitten und überprüft werden. Günstigere Ausrüstung? Billigprodukte können Qualitätsmängel aufweisen und damit die Sicherheit von Pferd und Reiter erheblich gefährden. Falls sich der Tinker einmal verletzt oder ernsthaft erkrankt, sollten unbedingt genügend finanzielle Reserven da sein, um eventuell auch einen Aufenthalt in der Tierklinik zu ermöglichen.

Nun, wie sieht's bei Ihnen aus? Sie haben alles gründlich überlegt und wollen immer noch ein Pferd und einen Tinker dazu? Gut, dann machen wir uns mal daran, ihn zu finden!

Von Vorsicht und Verantwortung

Ob vom Züchter, bei Auktionen und Märkten, durch Anzeigen oder von Privat: Es gibt verschiedene Möglichkeiten, ein Pferd zu kaufen. Angeboten werden jedenfalls mehr als genug. Erwarten Sie nicht von sich, dass Sie keine Fehler machen und in jeder Beziehung voll durchblicken. Sie übernehmen aber nach dem Kauf die Verantwortung über ein Lebewesen. Seien Sie also in Ihrem eigenen und im Interesse Ihres zukünftigen Tinkers so ehrlich, dass Sie sich Ihre Unerfahrenheit auch eingestehen. Man kauft schließlich nicht jeden Tag ein Pferd, woher sollen Sie also Ihre Erfahrung haben? Ihr Gegenüber ist hingegen meistens ein routinierter Profi, der eventuell mehrere Pferde täglich an den Mann oder an die Frau bringt. Selbst wenn Sie an einen seriösen Verkäufer geraten, die es ja auch gibt, so kursiert doch unter manchen Händlern der Spruch, dass es genügend Dumme gäbe, die ein Pferd suchen, man müsse Sie nur in den eigenen Stall locken ...

Es gibt einige gesetzliche Bestimmungen, die Sie vor dem Schlimmsten bewahren, aber es liegt alleine in Ihrer Hand, ob Sie nicht nur ein gesundes, sondern auch ein charakterlich einwandfreies und für Sie geeignetes, rassetypisches Pferd ohne Mängel erwerben. Völlig fehlerfreie Pferde gibt es natürlich nicht, aber es gilt, innere und äußere Eigenschaften sachgemäß einzuschätzen und positive wie negative Punkte gegeneinander abzuwägen. Selbst scheinbar gleichwertige Pferde müssen für eine bestimmte Person nicht immer gleich gut geeignet sein. Blauäugigkeit oder Mitleid mit einem ach so armen Tier sorgten nach dem Kauf schon oft dafür, dass so mancher frisch gebackene Pferdebesitzer sein blaues Wunder erlebte. Niemand muss sich schämen, wenn er fehlenden Sachverstand durch einen in diesen Dingen erfahrenen Begleiter ersetzt. Meiden Sie aber den Rat irgendwelcher selbst ernannten Experten. Unter Blinden ist zwar der Einäugige König, aber gerade wenn Sie sich für Tinker interessieren, brauchen Sie so viele wachsame Augen wie möglich. Pferdehandel wird nicht umsonst bereits seit Jahrhunderten als ein etwas zwielichtiges Geschäft angesehen und in einem Punkt können Sie sicher sein: Bei Tinkern trifft dies noch viel mehr zu. Wir wollen den Teufel nicht an die Wand malen, aber es gibt da leider einige wenig erfreuliche Tatsachen rund um den Tinkerhandel, mit denen Sie sich auseinander setzen müssen. Egal für welche Möglichkeit des Kaufs Sie sich dann letztendlich entscheiden, machen Sie sich auf alles gefasst!

Pferdekauf heißt vor allem Verantwortung für ein Lebewesen zu übernehmen! Einfach nur „Verlieben" reicht bei weitem nicht aus, um einem eigenen Tinker wirklich gerecht zu werden.

Vorsicht ist in Irland nicht nur bei den kleinen Pferdemärkten geboten. Mitleid besiegt oft die Vernunft. Lassen Sie also Ihr Geld am besten gleich zu Hause! Nur Abenteuerlustige, Metzger oder absolute Fachleute kommen hier auf die Idee, ein Pferd zu kaufen. Foto: Heike Lauger

Tinkerkauf in Irland: Nicht ohne Risiken

Das zukünftige Pferd in seiner originären Heimat zu suchen und dann auch noch zu finden klingt sehr verlockend, aber das Finden und Kaufen ist auf der grünen Insel bei weitem nicht so leicht, wie man vielleicht denkt. Es kann Ihnen dort durchaus passieren, dass Sie drei Wochen herumfahren und keinen einzigen Tinker zu Gesicht bekommen!

SERIÖSE HÄNDLER UND ZÜCHTER: ES GIBT SIE NOCH

Zum Glück gibt es für Irlandinteressierte eine wirklich gute Lösung: Die IG Tinker (Adresse im Serviceteil) bietet Kontakte zu seriösen irischen Züchtern und Händlern an. Wenn Sie also viel Zeit und Lust haben, die Heimat Ihres zukünftigen Pferdes persönlich kennen zu lernen und diese Reise mit einem Urlaub verknüpfen wollen, nur zu! Sie können aus mehreren Tieren auswählen, sich in Ruhe mit ihnen vertraut machen und sie ausprobieren. Alter und Ausbildungsstand, eventuelle Mängel oder Krankheiten sind bei mehrtägiger Beobachtung leichter zu bestimmen. Zur Not können Sie auch direkt einen Tierarzt zu Rate ziehen. Die Chancen stehen recht gut, dass Sie auf diesem Weg Ihren Traumtinker finden. Das Pferd wird Ihnen dann auch von vernünftigen Spediteuren bis vor Ihre Haustüre geliefert.

IRISCHE PFERDEMÄRKTE: ABENTEUERLICH

Pferdemärkte bieten eine herrlich bunte, folkloristisch anmutende Atmosphäre. Genießen Sie die Stimmung inmitten des bunten Treibens, aber lassen Sie unbedingt Ihr Geld zu Hause! Nur Abenteuerlustige können auf die Idee kommen, ihren Tinker dort zu finden, oder verstehen Sie wirklich so viel von Pferden, dass Sie sich zutrauen, ein angebotenes Tier realistisch einschätzen zu können? Bedenken Sie, dass Sie ein Pferd in diesem Umfeld niemals sorgfältig prüfen oder ausgiebig probereiten können. Auf einem Markt ist auch keine Zeit für eine Ankaufsuntersuchung. Der Pferdekauf in einem solchen Milieu ist nur etwas für Schlachter oder absolute Profis. Viele Besucher vergessen alle ihre guten und vernünftigen Vorsätze, wenn sie überraschenderweise vor ihrem Traumpferd oder einem besonders süßen, aber furchtbar heruntergekommenen Tinker stehen, der Sie gar so traurig ansieht. Denken Sie stets daran, dass Tinker in Irland überwiegend von Travellern angeboten werden und das sind Mitglieder des fahrenden Volkes! Noch mehr als jeder andere Pferdehändler wittern diese Leute regelrecht Ihr Interesse an einem bestimmten Tinker und stellen sich genau auf die emotionale Situation eines potenziellen Käufers ein. Das Pferd ist dann zum Beispiel ohne dass Sie es merken viel zu teuer oder mit fantasievollen Eigenschaften wie „perfekt geritten und gefahren", ausgestattet, die Ihnen als Käufer zwar ausgesprochen entgegenkommen, dem Pferd aber völlig fremd sind.

Überschätzen Sie nicht Ihren Pferdeverstand, wenn Sie ein Geschäft mit diesen Leuten in Erwägung ziehen. Selbst ausgekochte Fachleute laufen hier in Gefahr, über den Tisch gezogen zu werden! Besonders schwierig wird die Situation, wenn Sie nicht über einen überregionalen Markt bummeln, sondern Ihr Glück auf einer der zahllosen lokalen Ansammlungen von Pferdeverkäufern suchen, denn in den meisten Ortschaften stehen immer wieder mal ein paar Händler herum. Seien Sie vorsichtig: Das soziale Umfeld, welches die Traveller umgibt, ist nicht ganz ungefährlich. Selbst Einheimische meiden die Umgebung, in der lokale, kleine Pferdemärkte stattfinden. Sesshafte Iren wissen genau, warum sie zum Beispiel einer Ansammlung von Travellern in bestimmten Gegenden nur im äußersten Notfall den Rücken zuwenden oder dort noch nicht mal den PKW verlassen würden und wer sagt Ihnen denn, dass Sie sich nicht gerade in einer, na sagen wir mal „etwas ungesunden" Gegend befinden?

Niemand möchte, dass Ihnen die Lust, einen Tinker zu kaufen, vergeht. Natürlich sollen Sie sich einen anschaffen, aber eben nicht auf einem Pferdemarkt, egal wie groß er auch sein mag. Sie wären nicht der Erste, der bei einem Geschäft mit Travellern den Kürzeren ziehen würde. Noch mal: Selbst wenn Sie zu den hart Gesottenen gehören, die Nervenkitzel lieben und den Mut aufbringen, sich ohne Begleitung unter das bunte Treiben der Traveller zu mischen: Lassen Sie in jedem Fall Ihr Geld zu Hause und sagen Sie nicht, man hätte Sie nicht gewarnt!

PAPIERKRIEG BEIM EIGENIMPORT

Die von der IG Tinker vermittelten Verkäufer haben Kontakte zu seriösen Speditionen und bringen auch gerne etwas Licht in den Formalitätendschungel. Insgesamt müssen Sie beim Transport des Pferdes bis vor Ihre Haustüre rund 500 Euro für Ausreiseanträge, Tierarzt und Überführung ansetzen. Wenn man nicht vorhat, ständig neue Tinker zu kaufen (was wir ja nicht hoffen wollen, denn Sie haben ja Ihr Traumpferd schon gefunden!) und damit im Laufe der Zeit genügend Erfahrungen in diesem Bereich sammeln kann, ist es wirklich empfehlenswert, das Geld in Form eines vereinbarten Festpreises in eine vertrauenswürdige Spedition zu investieren. Zeit, Geldbeutel und Nerven werden bei der Behördenrennerei und den englischsprachigen Verhandlungen mit irischen Tierärzten, die ihr Honorar über den Daumen hinweg schätzen, erheblich beansprucht und belasten den unerfahrenen Käufer eines einzelnen Pferdes am Ende wahrscheinlich mehr, als er vorher denkt. Am Ende sollte er aber dennoch eine vom Consulat of Agriculture ausgestellte Exportlizenz, ein höchstens 24 Stunden altes, dreifach ausgefertigtes tierärztliches Gesundheitszeugnis, eine Transportgenehmigung mit exaktem Routenplan und namentlicher Nennung der Begleitperson sowie den Equiden-Pass fürs Pferd in Händen halten, bevor es mit dem Hänger Richtung Schiff gehen soll. Die bequemste Lösung folgt im nächsten Kapitel: Kaufen Sie Ihren Tinker in Deutschland!

Händlermachenschaften: Mit Hilfe dieses witzigen Fotos, das eine frischgebackene Tinkerbesitzerin zum Dank an ihren Händler geschickt hatte, wurde das Pferd von diesem in einer offiziellen Anzeige erneut zum Kauf angeboten.
Foto: Marlit Hoffmann

Kauf in Deutschland: Pferdeverstand ist gefragt

Zum Glück können Sie Ihren Tinker auch in einheimischen Gefilden erwerben, quasi vor der Haustüre: Sie besuchen einen Tinker-Importeur oder Züchter und werden dann von ihm (hoffentlich) nicht über den Tisch gezogen. Hierzulande schützt Sie das Gesetz zumindest vor einigen Fallstricken, außerdem beherrschen Sie beide dieselbe Sprache und Ihnen bekannte Pferdekenner oder Tierärzte sind nicht so weit weg wie in Irland. Dennoch weihen wir Sie hiermit in einige der gängigen Pferdeverkaufstricks ein, damit Sie nicht unnötig Lehrgeld zahlen müssen oder sich für Pferde interessieren, die gar nicht verkauft werden sollen oder können. So hat zum Beispiel eine glückliche Tinkerbesitzerin ihrem Händler als Dankeschön ein witziges Bild ihres Tinkers im Plausch mit einer Kuh zugeschickt. Verblüfft entdeckte sie das Foto dann in einer der nächsten Anzeigenkampagnen des Importeurs: Ihr selbstverständlich unverkäuflicher Tinker wurde vom Vorbesitzer munter als eine Art Lockvogel erneut zum Verkauf angeboten. Diese unglaubliche Dreistigkeit ist nicht aus der Luft gegriffen, beim Tinkerhandel ist nichts unmöglich!

Da werden halbwild aufgewachsene Pferde, die schon in ihrer Heimat keine guten Erfahrungen gemacht haben, zusammengezwängt auf Containern importiert, Hengste schnell noch kastriert, Hufe, die noch nie aufgehoben wurden, werden brutal an umgeworfenen Pferden beschnitten und man hat auch keine Probleme damit,

Das ist er: Ihr absoluter Traumtinker - den oder keinen! Behalten Sie jetzt unbedingt einen kritischen und kühlen Kopf. Probieren Sie das Pferd vor dem Kauf in aller Ruhe aus. Lassen Sie sich eingehend von einem Pferdefachmann Ihres Vertrauens beraten. Veranlassen Sie eine tierärztliche Ankaufsuntersuchung und fallen Sie nicht auf diverse Händlertricks herein!

gescheckte irische Schlachtpferde zum Verkauf anzubieten. Wen wundert es, dass so mancher Tinker nach der Eingewöhnungszeit nicht mehr das nervenstarke Anfängerpferd ist, als das er gekauft wurde, sondern - gelinde gesagt - Haare auf den Zähnen hat!

Bei den folgenden Beispielen sind Ähnlichkeiten mit bereits stattgefundenen Kaufgesprächen und Händlerbesuchen beabsichtigt. Stellen Sie sich folgende Situation vor:

Hurra! Sie haben Ihren Wuschel, Ihren Traumtinker ohne Preisangabe in einer Anzeige erspäht. Sie rufen begeistert beim Händler an und erkundigen sich nach dem Pferd. Eine kleine Auswahl möglicher Antworten am anderen Ende der Leitung:

a) „Wuschel ist leider schon verkauft, aber Sie müssen sich unbedingt Moppel anschauen. Der ist nur ein bisschen teurer, aber viel netter im Charakter! Passt es Ihnen morgen? Ich erwarte Sie um 15 Uhr! Bis dann." Sie haben übrigens Glück, wenn Sie schon vor Ihrer Anreise erfahren, dass das Pferd, für das Sie sich interessieren, bereits verkauft ist, denn noch nicht einmal das ist selbstverständlich!

b) „Sie sind aber ein Pferdekenner! Mit Wuschel haben Sie sich wirklich das beste Pferd auf dem Hof ausgesucht! Kompliment, aber Qualität hat ihren Preis."

c) „Mensch, Sie haben aber Glück, dass der noch da ist! Wuschel ist wirklich ein Supergelegenheitsangebot. Da müssen Sie sich aber beeilen, wenn Sie den noch haben wollen. Kommen Sie am besten gleich vorbei!"

d) „Ja, Wuschel ist ein sehr netter Tinker. Haben Sie Erfahrung mit Pferden? Er ist erst drei. Ja? Dann kommen Sie doch mal unverbindlich vorbei und schauen Sie ihn sich an."

Sie schwingen sich Hals über Kopf in Ihr Auto und düsen zu Wuschels Händler. Auf dem Hof werden Sie schon erwartet:

Zu a) „Moppel wartet bereits sehnsüchtig auf Sie! Schauen Sie mal, wie süß der ist!" Moppel steht klapperdürr im Stall und lässt sich nicht anfassen. Der Händler beruhigt Sie: „Das geht ganz schnell vorbei, wenn Sie ihn erst mal zu Hause haben." Glauben Sie alles, nur das nicht!

Zu b) „Wuschel kostet zwar xxx Euro, dafür kriegen Sie aber auch einen Supertinker. Sie kennen sich wirklich aus!" Wuschel kostet viel mehr, als Sie ausgeben wollten. Sie fühlen sich aber geschmeichelt und schlagen sofort ein, ohne das Pferd richtig ausprobiert zu haben. Tun Sie alles, nur das nicht!

Zu c) „Wuschel ist vor einer Stunde vom Hof und leider doch schon verkauft! Aber wir hätten da noch einen ähnlichen, ganz besonders tollen Tinker, Putzi, der ist was für jeden Anfänger, für Sie sowieso ideal! Er ist ein ganz lieber dreijähriger Hengst, den müssen Sie noch nicht mal kastrieren." Kaufen Sie alles, nur den nicht!

Zu d) Wuschel steht auf einer Koppel zwischen anderen Tinkern. Die Pferde sind zwar scheu, aber neugierig. Sie können Wuschel in Ruhe ansehen. Er Sie auch. Das Pferd wird von der Koppel geholt, geputzt und gesattelt. Sie können alles mit ansehen oder mithelfen. Sie haben genügend Zeit, sich mit Wuschel bekannt zu machen und ihn zu reiten. Sie fühlen sich wohl dabei, Wuschel auch. Da Wuschel schon fünf Jahre alt und geritten ist, gehen Sie mit Begleitung für 20 Minuten ins Gelände. Wuschel hat vollständige Exportpapiere. Niemand drängt Sie zum voreiligen Kauf.

Leider ist das letzte Beispiel eher die Ausnahme, die anderen die Regel. Aber es kommt noch schlimmer:

• Vom unsachgemäßen Transport völlig verstörte Tinker werden medikamentös ruhig gestellt und als Anfängerpferd verkauft. Wehe, wenn die Wirkung der Medikamente nachlässt, oder die Pferde durch gute Pflege wieder im Vollbesitz ihrer Kräfte sind! Selbst Profis können an diesen Tinkern verzweifeln, deren Vertrauen in den Menschen verloren gegangen ist. Die armen Tiere reagieren in ihrer Panik unberechenbar und sind wegen ihrer enormen Kraft zum Teil unkontrollierbar. Diesem Dilemma entgehen Sie bei Verdacht nur durch längere Beobachtung. Besuchen Sie daher Ihr zukünftiges Pferd öfter und am besten unangemeldet, auch wenn Sie dabei das Risiko eingehen, dass Wuschel an jemand anderen verkauft wird. Immer noch besser, als dass es bei Ihnen zum bösen Erwachen kommt. Manchmal gibt es im Kaufvertrag eine als Rückgabegarantie getarnte Umtauschklausel. Wenn Sie das Pferd zurückbringen, legen Sie beim nächsten aber ziemlich sicher drauf. Informieren Sie sich also lieber vorher!

• Der von Ihnen ausgewählte Tinker ist vom Transport geschwächt oder wurde vom Händler schlecht behandelt und entsprechend eingeschüchtert. Er wirkt zwar sehr zurückhaltend, präsentiert sich aber unter dem Sattel brav und manierlich. Bei Ihnen zu Hause wird er aufgefüttert, wacht auf und explodiert dann regelrecht. Interessieren Sie sich daher nur für gutgenährte Pferde, die sich auch für Sie interessieren, dann haben Sie wahrscheinlich keine schlechten Erfahrungen gemacht!

• Ein und dasselbe Pferd wird mit zum Teil abweichenden Fotos in diversen Zeitschriften gleichzeitig, aber mit jeweils verschiedenen Angaben über Alter oder Geschlecht angeboten. Erkundigen Sie sich sorgfältig! Manchmal kann auch der Verlag etwas verwechselt haben. Falls ein Versehen vorliegt, sollte Sie der Verkäufer sofort darauf aufmerksam machen. Wenn nicht, bitten Sie

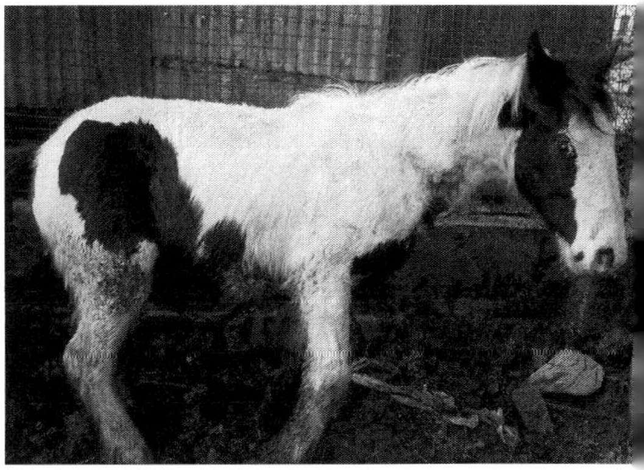

Mitleid ist ein ganz schlechter Ratgeber beim Pferdekauf! Verwahrloste, aber billige Tinker auf ebensolchen Anlagen können später Unsummen an Tierarztrechungen verschlingen. Gute, gepflegte Pferde haben ihren Preis und stehen meistens auch in einer entsprechenden Umgebung.
Foto: Klaudia Klömpken

einen Bekannten um einen zweiten Testanruf, in dem er sich für das andere Pferd interessiert, dann haben Sie schnell Gewissheit, ob der Händler seriös ist.

• Die Tinker stehen in einer dicht gedrängten Herde. Jemand geht mit der Peitsche dazwischen, scheucht die Pferde herum. Nach ein paar chaotischen Galopprunden werden Sie gefragt, ob Sie sich jetzt endlich für ein bestimmtes Pferd entschieden hätten.

• Anlage, Stall und Pferde sind in einem desolaten Zustand. Kaufen Sie hier kein Pferd aus Mitleid! Selbst günstige Preise können hinterher durch Tierarztrechnungen in astronomische Höhen klettern.

Eingekauft werden die Pferde von den Händlern oft zu mehreren Tieren gleichzeitig mit entsprechenden Preisnachlässen, denn bei Tinkern verdient man mehr über die Masse, weniger am einzelnen Tier. Für den Transport eines jeden Tieres muss man rund 500 Euro, zuzüglich rund 40 Euro für Ausfuhrpapiere durch den Amtstierarzt veranschlagen. Je länger der Tinker dann auf dem Händlerhof ist und je mehr mit

Die Chemie muss nicht nur unter dem Sattel stimmen! Tinker suchen sich ihre Besitzer gerne selber aus und wenn Sie Ihren vierbeinigen Liebling dann richtig behandeln, haben Sie einen Freund fürs Leben!

ihm gemacht wird, zum Beispiel Tierarztkosten, Hufpflege, Futter oder Beritt, desto schmaler wird natürlich auch die Gewinnspanne.

Für sorgfältig gepflegte Pferde, denen eine gewisse Eingewöhnungszeit gegönnt wird und bei denen man sich darum bemüht, Charakter, Stärken und Schwächen zu studieren, muss ein Händler mehr verlangen. Sie dürfen den dann gerechtfertigten, höheren Preis aber mit gutem Gewissen bezahlen, denn wahrscheinlich werden Sie mit diesem Pferd glücklicher als mit einem verwahrlosten billigeren.

Allerdings brauchen Sie dafür die entsprechende Fachkenntnis, um so einen Händler von denen zu unterscheiden, die einfach nur zu viel für ihre Tinker verlangen. Achten Sie auf Ihre innere Stimme! Wo Sie sich wohl fühlen, wird es den Pferden wahrscheinlich auch gut gehen. Wesentlich weniger Probleme als die oben beschriebenen tauchen beim Kauf eines Tinkers auf, der bereits in Deutschland geboren und aufgezogen wurde. Ihm blieb der bisweilen rücksichtslose Transport erspart und er hat mit Menschen (höchstwahrscheinlich!) so gut wie keine schlechten Erfahrungen gemacht. Die durchsichtigere Vergangenheit dieser Pferde macht es einfacher, sie charakterlich einzuschätzen und auszubilden. Durch sorgfältigere Pflege während der Aufzucht sind sie außerdem wahrscheinlich gesundheitlich weniger vorbelastet. Die Aufzucht in Deutschland hat aber ihren Preis: Billige Schnäppchen sind da weniger zu erwarten, aber dafür kaufen Sie nicht unbedingt die Katze im Sack. Wenn ein Tinker wie einer aufwachsen darf, dann verhält er sich auch wie man es von diesen Pferden erwartet. Im Gegensatz zu vielen reinen Importhändlern, besonders jenseits der deutschen Grenzen, achten die meisten inländischen Züchter doch etwas mehr auf ihren Ruf und kümmern sich ausgiebiger um ihre Verkaufskollektionen. Davon profitieren Pferde und Käufer.

Wenn Sie sich aber für einen Tinker entschieden haben, sollte als Letztes noch das gegenseitige Beschnuppern erfolgen: Bunte Schale, weicher Kern - das Herz eines Tinkers ist groß, und er will seinen Herrn für sich alleine. Den sucht er sich am liebsten selber aus und wacht dann auch eifersüchtig über seine Zuneigung. Selbst wenn die Schecken beim Verkaufsbesuch noch zurückhaltend oder scheu erscheinen, so müssen Sie sich unbedingt die Zeit nehmen und feststellen, ob die Chemie zwischen Ihnen und dem von Ihnen auserwählten Pferd grundsätzlich stimmt. Spätestens nach einem Jahr sind Sie dann dicke Freunde. Kauft man einen Tinker, der seinen neuen Besitzer nicht riechen kann oder nicht akzeptiert, findet man alle negativen Vorurteile bestätigt und beißt sich an diesen Pferden spätestens bei etwas energischeren Durchsetzungsversuchen schnell die Zähne aus.

Unbedingt beim Kauf berücksichtigen

• Egal wo Sie Tinker kaufen: Probieren Sie Ihren Favoriten immer in allen Disziplinen, in denen er angeblich etwas kann, sorgfältig aus und lassen Sie dies gegebenenfalls von einem wirklichen Fachmann Ihres Vertrauens begutachten.

• Vorsicht beim Überprüfen des angegebenen Alters Ihres Traumtinkers. Ein Fachmann kann es ungefähr anhand der Zähne abschätzen. Die entscheidenden Abnutzungserscheinungen werden aber erheblich von Aufzucht- und Haltungsbedingungen beeinflusst und gerade bei importierten Tinkern trifft eine übermäßige Beanspruchung des Kauapparates häufig zu, so dass sie ohne seriösen Geburtsnachweis nicht selten älter geschätzt und damit auch angeboten werden, als sie eigentlich sind. In der Regel beginnt der Zahnwechsel mit zweieinhalb Jahren und ist mit fünf abgeschlossen. Die Hakenzähne wachsen männlichen Pferden frühestens im vierten oder fünften Lebensjahr.

• Das Geld für eine Ankaufsuntersuchung müssen Sie auf alle Fälle vor dem Kauf und der Abholung des Pferdes investieren, selbst wenn Ihnen der Händler möglicherweise schriftlich zusichert, dass der Tinker gesund und frei von gesetzlichen Gewährsmängeln wie Rotz, Mondblindheit, Koppen, Dämpfigkeit, Dummkoller und Kehlkopfpfeifen ist. Der Tierarzt Ihres Vertrauens kann Ihnen auch das korrekte Alter mitteilen, wenn er die desolaten Umstände, unter denen Tinker bisweilen aufwachsen, kennt. Machen Sie ihn notfalls darauf aufmerksam und bitten Sie ihn, bei älteren Importpferden auch die Leberwerte zu prüfen, um frühere Verwurmungsschäden auszuschließen.

• Lassen Sie sich mit den korrekten Einfuhrpapieren sowie einem eventuell ausgestellten Gesundheitszeugnis und Abstammungsnachweis (selbst wenn darin überall „unbekannt" steht) auch den Impfpass des Pferdes aushändigen. Verlassen Sie sich aber nicht auf irische Eintragungen. Mehr dazu im Kapitel über Impfungen.

• Bei Stuten sollten Sie in jedem Fall zusätzlich eine Trächtigkeitsuntersuchung machen lassen! Hengste bändeln beim dicht gedrängten Transport gerne mit den Mädels an und Sie kaufen vielleicht unwissentlich einen Tinker im Doppelpack, obwohl Sie gar nicht die Möglichkeiten haben, ein Fohlen aufzuziehen!

• Mit einem Wallach ist in jedem Fall besser umzugehen als mit einem Hengst und wenn der noch so brav erscheint! Für Kinder und selbst für die meisten Erwachsenen kommt ein Hengst als reines Freizeitpferd sowieso nicht in Frage. Nur wenige Hengste eignen sich darüber hinaus wirklich zur Zucht und erfordern dann enormes Fachwissen und Aufwand, um im Deckeinsatz stehen zu können. Natürlich ist jedes Pferd für seinen Besitzer das Schönste, aber man sollte gerade in diesem Falle besonders objektiv sein. Sie vermeiden mit einer Kastration wahrscheinlich jede Menge Ärger und erleichtern damit sich und auch dem normalerweise in der Haltung zwangsläufig isoliert lebenden Hengst erheblich das Leben.

• Unangenehme rechtliche Überraschungen vermeiden Sie, wenn Sie den Kauf anhand vorgedruckter Kaufverträge abschließen. Sie erhalten sie im Handel oder bei der Deutschen Reiterlichen Vereinigung (Adresse im Serviceteil).

• Versäumen Sie nicht, nach dem Kauf Ihres Pferdes eine Tierhalterhaftpflichtversicherung abzuschließen.

• Sorgen Sie bereits vor dem Kauf für eine artgerechte Unterbringung Ihres neuen Familienmitglieds. Mehr darüber im nächsten Kapitel!

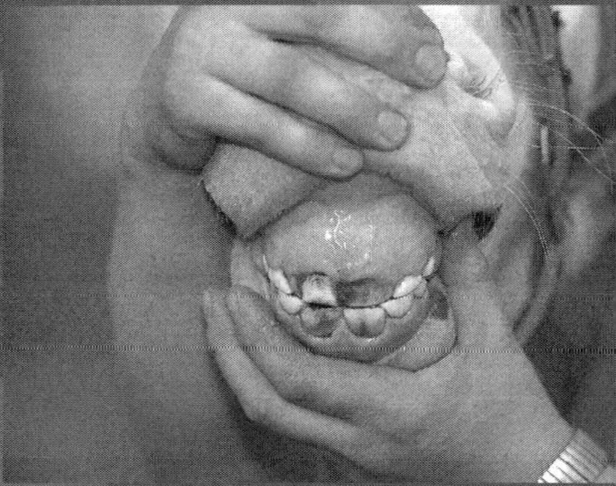

Die Zähne importierter Tinker sind, wie bei diesem Dreijährigen, manchmal aufgrund der zum Teil desolaten Aufzuchtsbedingungen in Irland stark abgenutzt. Sie wirken dadurch manchmal älter, als sie sind.

Und wenn der Hengst scheinbar noch so lieb ist: Für einen Nichtzüchter und Freizeitreiter ist es eine zu große und darüber hinaus völlig überflüssige Belastung, alle „Extras" zu beachten, die in Bezug auf artgerechte Haltung und Umgang mit so einem Mannsbild gelten. Eine Kastration erleichtert Ihnen und dem Pferd ganz erheblich das gemeinsame Leben!
Foto: B.+ M. Stähler

An der frischen Luft fühlen sich Tinker am wohlsten.

Rundum gesund durch artgerechte Haltung und Pflege

Tinker sind echte Robustpferde, die ohne gesundheitlichen Schaden zu nehmen, ganzjährig im Freien leben können. Das heißt, dass der Tinker zum gesunden Leben neben den hierzulande üblichen Impfungen und Wurmkuren eigentlich nicht mehr und nicht weniger als eine artgerechte Haltung in der Gruppe und eine auf seine ursprünglich recht karge Lebensweise abgestimmte Fütterung braucht - was allerdings nicht heißt, dass sich unser Tinker wie in Irland sein Futter im Straßengraben zusammensuchen soll.

Einige grundlegende Überlegungen muss einfach jeder anstellen, wenn er sich dafür entscheidet, einen Tinker in die Familie aufzunehmen. Wir leben eben nicht in Irland, wo es etwas mehr Platz für die Pferde und für weniger betuchte Leute auch weniger industriell gefertigte Futtermischungen gibt. Gerade diese bekommen nämlich unseren Tinkern leider nicht immer so gut, wie es ihre Besitzer beim Kauf im Sinne hatten.

Haltung: Frische Luft geht über alles!

Entsprechend ihrer Entstehungsgeschichte kennen und brauchen irische Tinker eigentlich keinerlei behagliche Stallungen. In ihrer Heimat waren sie schon immer Wind und Regen ausgesetzt und fanden sich problemlos damit zurecht. Dementsprechend könnte man seinen Tinker auch hierzulande sofort in eine offene Freilandhaltung mit einem trockenen Liegeplatz und einer Sandkuhle zum Wälzen eingliedern. Das ist für Sie nicht weiter schwierig? Herzlichen Glückwunsch, vor allem an Ihren Tinker, denn je nach Wohnort scheitert die Freilandhaltung bei den meisten Pferdehaltern voraussichtlich am Platzbedarf. Mindestens 3000 bis 5000 Quadratmeter Fläche sollte eine Weide, die über den Sommer als alleinige Futterquelle genutzt wird, je nach Bodenbeschaffenheit pro Pferd haben. Dabei gilt die Regel: Je kleiner die Fläche, desto aufwendiger gestaltet sich die Pflege. Der Kot der Pferde muss regelmäßig abgelesen werden, damit sie sich nicht mit Parasiten infizieren. Auch die Umzäunung sollte sorgfältig geplant werden, denn selbst wenn unsere Tinker recht geruhsame Zeitgenossen sind, so muss der Weidezaun doch für die Pferde gut sichtbar und so verletzungs- und ausbruchssicher wie möglich sein. Ein einzelnes schmales Elektrozaunband wird gerne einmal von einer herumtobenden Herde oder von einem hungrigen Tinker, der glaubt, das Gras sei auf der anderen Zaunseite saftiger, übersehen. Der Ärger ist dann vorprogrammiert, von den Gefahren, die den frei herumlaufenden Pferden und ihrer Umgebung drohen, ganz zu schweigen! Alle Sicherheitsbedingungen wären in den meisten Fällen (auch für die Versicherung!) mit einem festen Holzzaun, der als Schutz gegen Beknabbern mit einem zusätzlichen Elektroband kombiniert wird, erfüllt. Leider gehen solche Zäune je nach Koppelgröße ziemlich ins Geld. Im Winter braucht man dann zusätzliche Matschkoppeln, weil die scharfkantigen Pferdehufe bei feuchter Witterung den Boden so zerstören, dass darauf in absehbarer Zeit bestimmt kein Gras mehr wächst.

Dies alles ist wirklich nicht so leicht zu bewerkstelligen und daher scheitert eben meistens auch der Traum eines jeden Tinkerbesitzers, das Pferd hinterm Haus zu halten, bereits am Flächenbedarf. Selbst in ländlichen Regionen klappt die private Pferdehaltung nicht auf Anhieb. Laufende Kosten und die Arbeitsbelastung durch Selbstversorgung der Tiere werden oft unterschätzt, und am Ende kommt man meistens gar nicht mehr zum Reiten. Selbst wenn Sie Ihren Spaß als echter Pferdefreund überwiegend im Umgang mit dem Pferd haben und das Reiten nebenbei betreiben: Falls Sie nicht bereits sehr viel Erfahrung in der Pferdehaltung haben oder in einer Haltergemeinschaft sind (alleine, oder nur mit Ziegen, Schafen oder ähnlichem Getier als Gesellschafter fühlt sich das Herdentier Pferd sowieso nicht wohl!), sollten Sie Ihren

Das Pferd hinterm Haus ist eine wunderschöne Sache, erfordert aber einen nicht zu unterschätzenden Arbeits- und Zeitaufwand.

Dieser Dreckspatz fühlt sich pudelwohl in seiner gescheckten Haut. Selbst bei schlechtem Wetter, in Wind, Regen und Schnee ist ein Tinker draußen mehr zu Hause als im schicksten Stall.

Tinker in Ihrem und im Interesse des Pferdes lieber erst einmal in einem geeigneten Pensionsstall unterbringen, damit Ihnen die Freude am eigenen Pferd nicht gleich vergeht.

Achten Sie dort auch unbedingt darauf, ob Ihr Tinker die bei uns üblichen Selbsttränken bedienen kann! In Irland wurde er jedenfalls mit dieser Technik nicht bekannt gemacht und muss erst lernen, wie er an das lebensnotwendige Wasser kommt. Führen Sie ihn zu dem Tränkebecken, lassen Sie ihn dabei zusehen, wie Sie die Metallzunge herunterdrücken und Wasser hineinfließen lassen. Wenn er während dieser Lernphase nicht zusätzlich aus dem Eimer getränkt wird und Sie ihn öfter zur Selbsttränke führen, wird er schnell begreifen, wie er an Nachschub herankommt. Der Wasserbedarf eines Pferdes wird leicht unterschätzt. Normalerweise reichen 20 bis 30 Liter am Tag, bei Hitze können es aber leicht bis zu 50 Liter werden! Steht zu wenig Wasser zur Verfügung, kann es zu einem Kreislaufzusammenbruch kommen. Selbst bei kurzen Koppelaufenthalten sollte die Menge und Qualität des Wassers ständig überwacht werden.

Natürlich wollen Sie möglichst lange Freude an Ihrem Tinker haben. Am besten klappt das, wenn Sie ihm auch eine entsprechend natürliche und artgerechte Haltung bieten. Damit ist allerdings auf gar keinen Fall die gängige Boxenhaltung gemeint und wenn der Stall noch so schick wäre! Wie alle Pferde hat Ihr Tinker nämlich einen gänzlich anderen Geschmack und völlig andere Bedürfnisse als Sie: Wenn sie die Wahl haben, erscheint es den meisten Pferden wesentlich angenehmer, sich stundenlang im Regen aufzuhalten, als in einem Stall zu stehen. Es ist ihnen angenehmer, sich bei jedem Wetter tüchtig auszulaufen, als im Trockenen zur Dauerruhe verurteilt zu werden. Sie wälzen sich lieber in einer Pfütze, als stundenlang gestriegelt zu werden und es ist für sie reizvoller, sich ihr Futter selbst zu suchen, als vor einer vollen Krippe zu stehen. Hätten Sie das gedacht? Denken Sie stets daran, und Sie schaffen sich damit die beste Grundlage für ein ausgeglichenes Zusammenleben mit Ihrem Tinker.

BOXENHALTUNG: VORPROGRAMMIERTE VERHALTENS- UND GESUNDHEITSSCHÄDEN

In puncto Haltung sieht es bei uns leider immer noch recht düster aus: Rund 75 Prozent unserer Pferde werden üblicherweise immer noch dauerhaft ohne regelmäßigen Koppelgang auf wenigen Quadratmetern in vergitterten Boxen gehalten. Für den Menschen bequem zugänglich und jederzeit leicht greifbar, leicht zu füttern und zu pflegen, bleiben sie nach einer Stunde intensiver Arbeit meistens die restlichen 23 Stunden am Tag in ihren Käfigen eingesperrt. Man findet die Boxen im Vergleich zur wirklich antiquierten Ständerhaltung modern. Tatsächlich wurden die Arbeitspferde aber in Zeiten der Ständerhaltung viel mehr bewegt, weil man täglich auf sie angewiesen war, und man bemühte sich auch professioneller und gründlicher um das Wohlergehen der lebensnotwendigen Tiere. Genauer gesagt: Trotz allen Komforts liegt heute die deutlich gesunkene Lebenserwartung unserer Reitpferde bei unter zehn Jahren, während es die „armen Arbeitspferde" oder die wild lebenden Artgenossen unter viel härteren Bedingungen locker auf über 20 Jahre brachten. Sylke Hütter erzählt Geschichten von hart arbeitenden Tinkern, die über 25 Jahre lang täglich mehr als 100 Kilometer vor dem Wagen zurückgelegt haben, ohne einen Tag krank gewesen zu sein und hinterher noch für Jahre in die Zucht gingen!

Dazu schnell ein paar nüchterne Zahlen, die jeden Reiter, der sein Ross in einer Box hält, sehr nachdenklich stimmen sollten: Ein Pferd läuft in Freiheit selbst auf der Koppel täglich rund 16 Stunden und legt dabei zwischen sechs und 17 Kilometer zurück. Im Gruppenauslauf sind es nur noch 1,8 Kilometer und in der Box erschreckend geringe 0,7 Kilometer. Dabei besteht der Tagesablauf eines Wildpferdes zu 60 Prozent aus Fressen, 20 Prozent Stehen, 10 Prozent Liegen und 10 Prozent Sonstigem. In einer mit Spänen eingestreuten Box reduziert sich die Fresszeit schließlich bei rationierter Raufuttergabe auf 16 Prozent und in der Folge steht das Pferd dann 68 Prozent seiner Zeit arbeitslos herum! Wen wundert es da noch, dass Boxenpferde infolge mangelnder Bewegung nicht gerade selten unter regelrechten Zivilisationskrankheiten wie Husten, Lahmheiten, Verspannungen und dicken Beinen leiden, von Verhaltensstörungen wie Koppen, Weben, Aggressionen oder Teilnahmslosigkeit ganz zu schweigen!

Auch wenn es überall praktiziert wird: Reine Boxenhaltung ohne Auslauf oder täglichen Koppelgang ist für jedes Pferd eine Qual. Tun Sie das Ihrem, vermutlich in völliger Freiheit aufgewachsenen Tinker nicht an!

Auch wenn es inzwischen sogar Gesetze gibt, die eine Größe von Pferdeboxen mit einer Seitenlänge von „Widerristhöhe x 2" vorschreiben, ist die gängige Boxenhaltung nach Meinung renommierter Tierärzte und Pferdeverhaltensforscher nicht nur für den Organismus des Pferdes, sondern auch für seine soziale Natur ungeeignet: Nur das Leben in der Gruppe gibt dem Pferd Sicherheit, macht es ausgeglichen und zufrieden! Für die in Irland stets im Freien lebenden Tinker wird die reine Boxenhaltung zur echten Qual. Die oben genannten Verhaltensstörungen sind vorprogrammiert und viele Tinker schwitzen selbst in gut gelüfteten Ställen. Also raus mit ihnen! Schauen Sie sich um und finden Sie für ihn einen Stall, in dem er seine natürlichen Bedürfnisse täglich unter den Einflüssen von Licht, Luft und Bewegung befriedigen kann und Ihnen damit auch weiterhin ein gesunder, zuverlässiger und ausgeglichener Reitpartner sein kann.

DIE PADDOCKBOX: EIN BRAUCHBARER KOMPROMISS

Aus der Westernpferdeszene schwappte von den USA ein neuer Trend in der Pferdehaltung nach Europa: Die Haltung mit offener Außenbox und einem möglichst großen,

Die Auslaufhaltung erfordert nur unwesentlich mehr Arbeit als die Boxenhaltung, macht die Pferde aber wesentlich ausgeglichener und lässt sich mit ein bisschen Initiative in fast jedem Stall verwirklichen.

direkt angeschlossenen, befestigten oder mit Sand eingestreuten Paddock. Selbst wenn er etwas mehr Platz beansprucht, ist eine zwar schmale, aber längliche Form des Paddocks zu bevorzugen, denn eigentlich kann man erst von einem echten Auslauf sprechen, wenn auch ein kleiner Galopp möglich ist. Bei zusätzlichem täglichen Weidegang sind selbst „Appartements mit kleinem Balkon" ein brauchbarer Kompromiss. Das Pferd ist immer noch gut zu erreichen und kann individuell mit Futter versorgt werden, hat aber die Möglichkeit, sich ein bisschen die Beine zu vertreten, an seiner Umwelt teilzuhaben und sich nach Belieben die Sonne aufs Fell scheinen zu lassen.

Hatten Sie bisher nur die Möglichkeit, Ihren Tinker in einem Boxenstall unterzubringen und das Pferd ist ziemlich phlegmatisch? Keine Sorge: Bereits nach kurzer Eingewöhnungszeit sind ehemalige Boxenpferde schon bei einer bescheidenen Auslaufhaltung nicht mehr wiederzuerkennen. Sie wirken wesentlich zufriedener, nehmen mehr Anteil an ihrer Umgebung, suchen über den Zaun hinweg Kontakt mit Artgenossen und zeigen unter dem Sattel mehr Freude und Leistungsbereitschaft. Zum Glück findet diese Art der Pferdehaltung, die nur unwesentlich mehr Platz und Aufwand beim Äpfel-Ablesen der Paddocks benötigt als die reine Boxenhaltung, immer mehr Anhänger. Viele Ställe lassen sich mit relativ wenig Initiative umstellen. Ihre Betreiber reagieren auch auf die steigende Nachfrage der Pferdebesitzer und werden auf diesem Gebiet zunehmend sensibler. Also fragen Sie im Zweifelsfall lieber mal bei einem für Sie günstig gelegenen, aber nur Boxenhaltung praktizierenden Stall nach. Vielleicht sind Sie ja der letzte Stein, der den Umbau endgültig ins Rollen bringt.

Eventuell haben Sie aber auch die Möglichkeit, Ihren Tinker von vornherein optimal unterzubringen. Die erste Wahl bei der konventionellen Pferdehaltung ist und bleibt dabei nach wie vor die Gruppenhaltung im Offenstall.

GRUPPENHALTUNG IM OFFENSTALL: „FÜNF-STERNE-HOTEL" FÜR PFERDE

Die Gruppenhaltung erfordert nach Aussage des bekannten Pferdeverhaltensforschers Prof. Dr. Klaus Zeeb besonders viel Pferdeverstand und sei deshalb zwar „für alle Pferde, aber nicht für alle Pferde- und Stallinhaber geeignet ...". Von allen Stallformen entspricht die Offenstallhaltung in Gruppen in allen Belangen am ehesten der Natur des Lauftieres Pferd, weil sein Körper nicht nur den verschiedenen Umweltreizen angepasst ist, sondern sie unbedingt für sein physisches und psychisches Wohlbefinden braucht. Diesen Bedürfnissen nach Licht, Luft, Bewegung, vielen kleinen Futtergaben und sozialem Kontakt zu anderen Pferden versucht man in der Offenstallhaltung durch ausgeklügelte Stallsysteme nachzukommen.

Ohne sorgfältige Planung lässt sich daher der Traum vom „Fünf-Sterne-Hotel" für Pferde nicht in Perfektion verwirklichen. Artgerechte Offenstallhaltung heißt nämlich keineswegs, einfach ein paar Pferde in einem Stall mit Auslauf zusammenzustellen. Bei der Anlage des Offenstalles sind zum Beispiel verschiedene Orte für Fütterung, Tränke und Ruhezonen zu berücksichtigen, damit die Bewegung der Tiere angeregt wird. Der vorgegebene Raum für die Pferde muss dabei immer untergliedert sein, damit rangniedere Pferde stets Platz zum Ausweichen, aber dennoch jederzeit Zugang zu Futter und Unterständen haben. Sackgassen dürfen nicht entstehen, und im Winter kann die Nutzung des Pferdes wegen des dicken Winterfells eventuell etwas eingeschränkt werden. Die einzelnen Pferdegruppen sollten mit Bedacht zusammengestellt und langsam aneinander gewöhnt werden, aber dabei dürfte es gerade mit einem Tinker abgesehen von seiner speziellen Scheckenliebe relativ wenig Probleme geben, weil er sich in der Regel sehr harmonisch in Herden eingliedert.

Die für Pferde neben der ganzjährigen Weidehaltung optimale Lösung der Offenstallhaltung entbindet natürlich nicht von der regelmäßigen Beschäftigung mit dem Tier und erfordert vom Besitzer einen wesentlich höheren Arbeitseinsatz. Konzeption und Bau der Anlage, individuelles Füttern, Misten und Putzen gestalten sich aufwendiger, aber mit entsprechender Beratung und etwas Routine bekommt man das recht schnell in den Griff.

Interessierte Stallbetreiber und Pferdehalter können in Bezug auf diese Haltungsformen von dem Engagement der Münchner Laufstall Arbeitsgemeinschaft (LAG)-Ideenschmiede profitieren, die es sich seit Jahren zum Ziel gesetzt hat, die artgerechten Belange in der Pferdehaltung zu etablieren, und entsprechend detaillierte Informationen anbietet. Die Adresse finden Sie im Serviceteil!

Ein artgerecht konzipierter Offenstall bedarf sorgfältiger Planung, ist aber neben einer ganzjährigen Weidehaltung die optimale Lösung in der Pferdehaltung.

Während die leichtfuttrigen Tinker in der graslosen Saison täglich locker 10-15 kg Raufutter verputzen, brauchen sie im Sommer eine kräuterreiche, nicht zu fette Weide.

Mahlzeit: Dauerfresser in Aktion

Der relativ kleine Pferdemagen fasst nur etwas 15 bis 18 Liter und ist auf die kontinuierliche Zufuhr geringer Futtermengen angewiesen. Bei den Tinkern kommt noch hinzu, dass sie sich nicht nur wegen ihrer stammesgeschichtlichen Entwicklung, sondern auch wegen der speziellen Lebensumstände bei den Travellern angewöhnen mussten, bei sehr eingeschränkten Möglichkeiten in jeder freien Minute pausenlos Futter zu suchen und alles zu fressen, was ihnen vor die Nase kam. Trotz bester Versorgung denken die Tinker auch bei uns noch lange nicht daran, dieses ursprünglich lebenserhaltende, heute nur noch instinktive Verhalten abzulegen, was bedeutet: Tinker sind und bleiben Dauerfresser!

Für eine ausgewogene Pferdefütterung sind die Zusammensetzung der Ration, die Art und Qualität der Futtermittel, Futtertechnik und -hygiene von Bedeutung. Der schier unübersehbar angewachsene Futtermittelmarkt erzeugt aber beim Pferdehalter neben dem gezielt umworbenen Willen zu Optimierung der Fütterung leider auch eine gewisse Ratlosigkeit. Ständig hat man ein schlechtes Gewissen, dass der vierbeinige Liebling vielleicht zu schlecht versorgt sei - schließlich essen wir ja auch nicht jeden Tag dasselbe, oder?

Jetzt kommt die gute Nachricht: Tinker, deren breiter, rumpfiger Körper typisch für einen guten Futterverwerter ist, brauchen die meisten dieser ausgetüftelten Futterraffinessen nicht! Im Gegenteil: Für diese leichtfuttrigen Pferde gilt „weniger ist mehr“ - außer beim Raufutter, denn davon können sie wirklich nicht genug kriegen. Sie verdrücken ohne mit der Wimper zu zucken zehn bis 15 Kilogramm Heu und Stroh am Tag und sind damit so beschäftigt, dass sie alles um sich herum vergessen.

Solange reguläres Heu auf speziellen Heuwiesen noch nicht gemäht als frisches und grünes Gras auf der Wiese steht, eignet es sich für Tinker weniger, denn intensiv bewirtschaftete Heuwiesen werden meistens auch intensiv gedüngt. Die Chemikalien, wie zum Beispiel Nitrat und Nitrit, Kalium oder Cadmium schaden Ihrem Tinker gewaltig und er bedankt sich bei Ihnen für die gut gemeinte Leckerei mit Durchfall.

Suchen Sie nach Heu von Wiesen, die im Rahmen von staatlich geförderten Flächenstilllegungsprogrammen nur einmal jährlich aus Landschaftspflegegründen gemäht werden. Die Wiesen sind nicht gedüngt,

Dieser spezielle Maulkorb reduziert die Futteraufnahme eines Tinkers beim Anweiden im Frühjahr oder bei zu eiweißreichen Koppeln auf ein für ihn verträgliches Maß. Durch die Löcher können immer noch genügend Halme verputzt werden. Nach dem Koppelgang muss aber stets genügend Raufutter zur Verfügung stehen, damit das Pferd auch satt wird!

enthalten viele wertvolle Wildkräuter und werden in beziehungsweise kurz nach der Grasblüte gemäht. Das Heu hat deswegen einen hohen Rohfaseranteil, ist besonders eiweißarm und wird je nach Bundesland verschieden benannt. In Bayern verkauft man es zum Beispiel als „Kulap (KUltur-LAndschaftsPflegeprogramm)- Heu", in Hessen als Help-Heu (HEssisches Landschafts-Pflegeheu). Jedes Heu muss wegen der Nachgärung mindestens fünf bis acht Wochen gelagert werden, bevor es verfüttert werden kann, damit es keine Koliken hervorruft.

Wenn ein Tinker so viel auf seine Bedürfnisse abgestimmtes Raufutter erhält wie er will, kann man ihn bei geringer freizeitmäßiger Belastung mit drei bis vier ruhigen Ausritten pro Woche problemlos ohne Kraftfutter ernähren, wobei natürlich ständig frisches Wasser sowie ein Salzleck- oder Mineralstoffstein zur Verfügung stehen müssen. Beim Schwitzen erhöht sich der Salzbedarf erheblich. Ein Mangel kann zu Müdigkeit Kreislaufproblemen, oder Koliken führen. Mit einem Salzleckstein ist es dem Pferd möglich, seinen Bedarf jederzeit zu decken.

Das Salz unterstützt den natürlichen Flüssigkeitsausgleich im Körper und stärkt Muskeln und Nerven, auch wenn gerade die bei einem Tinker genügend stabil sein dürften.

Natürlich kann sich ein Tinker in seiner Begeisterung für alles Grüne auch überfressen und dann ungesunde Ausmaße annehmen, aber bitte setzen Sie Ihr Pferd nicht gleich auf Diät, nur weil es einen kleinen Heu- oder Grasbauch entwickelt. Es ist nicht immer einfach, diesen Weidebauch von beginnender Verfettung zu unterscheiden, aber mit der Faustregel „fleischbedeckte Rippen unter dem Fell spüren, aber nicht sehen" kommt man recht gut zurecht. Bei sorgfältiger Beobachtung lassen sich die täglichen Rationen bald auf das jeweilige Tier abstimmen. Bei zu wenig Raufutter werden Tinker jedenfalls schnell unausgeglichen und reagieren sogar gereizt!

Im Sommer sollte eine nicht zu fette und kräuterreiche Weide die Futtergrundlage bilden, an die der Tinker aber wegen der Gefahr eines Eiweißüberschusses nur in langsam wachsenden Intervallen gewöhnt werden darf - mit Stroh oder Heu zum Knabbern in den Pausen zwischendurch. Inzwischen bietet der Handel eine Art flexiblen Kunststoffmaulkorb, den „Greenguard" an, der ins fest sitzende Halfter eingeschnallt wird. Der Tinker kann damit bei zu eiweißhaltigem Gras oder im Frühjahr den ganzen Tag auf die Koppel, Wasser aufnehmen und soziale Kontakte mit anderen Pferden pflegen. Wenn sich der Tinker erst einmal daran gewöhnt hat, behindert ihn das leicht zu reinigende Kunststoffteil nur noch beim allzu gierigen Grasfressen. Das Pferd kann durch die Lücken hindurch erst gar nicht das Maul zu voll nehmen und somit auch nicht zu viel des für ihn ungesunden, aber so leckeren frischen Grüns verputzen. Mit diesem einfachen Hilfsmittel schonen Sie Ihre Nerven bei der Zuteilung des täglichen Weidegangs und die des Tinkers dazu, weil er nicht alleine im Stall bleiben muss. Natürlich sollte er aber dort zusätzlich genügend Raufutter zur Verfügung haben und es nach dem Weidegang ohne den Maulkorb verzehren dürfen!

Karotten ergänzen als Saftfutter nicht nur im Winter mit täglich rund einem Kilogramm pro Pferd das Futter. Sie wirken sich positiv auf das Haarkleid aus und bereichern, wenn sie der Tinker erst einmal kennen und lieben gelernt hat, zusammen mit Äpfeln und trockenem Brot den Futterplan. All diese Leckereien beruhigen zum einen den unersättlichen menschlichen Drang zum Leckerli-Geben, belohnen oder verwöhnen aber auch das Pferd. Äpfel können allerdings - im Übermaß verzehrt - Durchfall verursachen!

KRAFTFUTTER UND FUTTERZUSÄTZE: WENIGER IST MEHR

Viele Krankheiten werden ungewollt durch Fütterungsfehler hervorgerufen oder zumindest begünstigt und so sollten Sie es sich gut überlegen, was Sie Ihrem Tinker alles neben seinem Raufutter zustecken.

Kraftfutter verabreichen Sie bitte auf keinen Fall als Hafer, Weizen oder Gerste! Eiweißreduziertes Futter erhalten Sie mit dem Beisatz „Weidebeifutter" oder „Ponyfutter" im Fachhandel, und es ist genau die richtige Mahlzeit für einen etwas intensiver gearbeiteten Tinker, der zum Beispiel im Schulbetrieb eingesetzt wird. Selbst bei genügender Beanspruchung (rund sechs Tage die Woche) genügen verhältnismäßig kleine Mengen von rund einem bis eineinhalb Kilogramm täglich.

Wenn Ihnen Ihr Tinker zu ruhig ist, dann überprüfen Sie zuerst mithilfe des Tierarztes, ob ihm gesundheitlich etwas fehlt. Darüber hinaus könnte man Haltung oder Fütterung optimieren oder, falls dies bereits geschehen ist, dem Pferd zum Beispiel durch Bodenarbeit oder Rallyeaufgaben mehr Abwechslung und Spaß bei der täglichen Arbeit bieten. Versuchen Sie nicht, ihn mit Hafer lebendiger zu machen, damit würden Sie ihm eher schaden! Bei zu viel eiweißreichem Futter in Körner- oder im Frühjahr in Frischgrasform kann der Tinker ebenso wie Ponys einen unangenehmen Eiweißausschlag oder den wirklich gefährlichen Kreuzverschlag bekommen. Groß ist auch die Gefahr der Hufrehe, einer für das Pferd äußerst schmerzhaften Entzündung und Anschwellung der Huflederhaut mit möglicher Hufbeinsenkung. All diese Erkrankungen sind in erster Linie auf unsachgemäße Fütterung zum Beispiel durch junges Gras und Getreide zurückzuführen. Ersparen Sie Ihrem Tinker diese unnötigen Leiden und füttern Sie ihn bitte entsprechend karg! Also noch mal: Hände weg vom eiweißhaltigen Körner- und Kraftfutter für Tinker, und wenn Sie mehr auf temperamentvolle Pferde-Kracher stehen: Hände weg vom Tinker!

Mineralfutter: Obwohl Tinker ab dem fünften Lebensjahr schon recht fertig aussehen und dann meistens nur noch in Breite und Form zulegen, sind es doch sehr spätreife Pferde, die bis zum Alter von sechs Jahren im Wachstum stehen! Bis dahin muss man besonders auf eine ausgewogene Vitamin- und Mineralstoffzufuhr achten. Die Werte lassen sich mithilfe einer Blutanalyse vom Tierarzt bestimmen.

Bereits über die bewährten Minerallecksteine hinaus nur nach Packungsvorschrift dosierte Mineralfuttergaben können bei Tinkern ohne medizinische Indikation zu juckenden Hautausschlägen, Haarausfall oder Durchfall führen, der aber wiederum auch durch überdüngte Wiesen oder gehäuftes Apfelfressen ausgelöst werden kann. Ausgewachsene Tinker brauchen jedenfalls so gut wie keine oder nur sehr geringe zusätzliche Mineralfuttergaben. Einzig beim Spurenelement Selen herrscht in Tinkerkreisen bisweilen etwas Nachholbedarf, mehr darüber im dazugehörigen Kapitel.

Pflege: Zuwendung und Sauberkeit mit Striegel & Co.

Selbst wenn der Tinker ein Robustpferd ist, heißt das nicht, dass er keine Pflege braucht und ein putztechnisch gesehenes Mehr an Zuwendung nicht genießt. Neben einem Gummiputz- und Massagehandschuh und Striegeln, die je nach Geschmack oder Verschmutzungsgrad aus verschiedenen Materialien wie Gummi, Metall oder Kunststoff sein können, brauchen Sie in der Grundausstattung zusätzlich eine weiche Kardätsche oder Bürste, eine Wurzelbürste für den Behang, verschiedene Schwämme zum Auswaschen von Nüstern, Genital- und Afterregion sowie einen Hufauskratzer (am besten gleich zwei, denn irgendwie gehen sie immer verloren) und ein Schweißmesser, um dem Tinker nach einem Waschen oder Abspritzen die gröbste Nässe aus dem Fell zu holen. Nur für Putzzwecke, zum Schweifwaschen oder Hufewässern sollten Sie auch einen stabilen Kunststoffeimer greifbar haben, der aber keinesfalls zum Tränken benutzt werden darf.

Geputzt werden sollte immer draußen, an der frischen Luft, aber wir wollen im Namen Ihres Tinkers sowieso hoffen, dass er sich dort am meisten aufhält. Beim Fellwechsel ist es übrigens gerade im Gesichtsbereich für viele Pferde angenehmer, wenn die losen Haarbüschel nicht herausgebürstet, sondern vorsichtig mit den Fingern herausgezupft werden. Das extrem lange Deckhaar kann mit kammähnlichen Metallstriegeln ausgedünnt werden, allerdings sind die Zinken nach zwei- bis dreimaligem Überkämmen meistens schon wieder voll und während einer einzigen Putzsession kann schon mal ein ganzer Eimer voll Tinkerhaar zusammenkommen. Der Gebrauch eines Gummihandschuhs verhindert beim obligatorischen Frühjahrsputz, der sich bei Robustpferden leider immer ziemlich lange dahinzieht, ein wenig das statische Aufladen durch Striegel und Kardätsche, und wenn Sie Glück haben, hängen Ihnen dann die Haare Ihres Tinkers etwas weniger in Kleidung, Augen, Mund und Ohren herum.

Das Putzen selbst ist wesentlich mehr als eine bloße Reinigung des Pferdes. Während des ausgiebigen Bearbeitens eines jeden Pferdeteils können Sie Ihren Liebling gleich auf kleinere Verletzungen hin überprüfen. Außerdem wird beim kraftvollen Striegeln und Bürsten nicht nur beim Pferd, sondern auch beim Reiter die Blutzirkulation entsprechend angekurbelt und die Muskeln fürs Reiten angewärmt. Das alles ist darüber hinaus eine äußerst angenehme, stressfreie Beschäftigung mit dem vierbeinigen Partner, bei der man auf dem Boden bleibt und sich in aller Ruhe aufeinander einstellen kann, also lassen Sie sich Zeit dabei und genießen Sie es ebenso wie Ihr Pferd!

Den Striegel nehmen Sie beim Putzen immer in die vom Kopf abgewandte Hand, damit Sie einen neugierigen, eventuell an Ihrem Rücken herumschnüffelnden Pferdekopf nicht mit dem harten Striegel verletzen, sondern ihn sanft mit der weichen Bürste zurückschieben können.

Bei einer artgerechten Haltung gibt es verständlicherweise immer mehr Putzaufwand als bei der für den Menschen so praktischen Boxenhaltung, aber Ihr Pferd fühlt sich draußen gerade als Dreckspatz besonders wohl in seiner Haut. Leider kommt es dabei aber immer wieder vor, dass sich ausgerechnet auf den weißen Stellen Ihres Tinkers hässliche gelbbraune Urin- oder Kot-

Nicht nur der Tinker genießt das Putzen im Doppelpack...

flecken abzeichnen und es aus verschiedenen Gründen nicht geht, dass das Pferd gewaschen wird. Ein alter Trick gegen Urinflecken ist das Kohlen der weißen, Pardon, gelben Stellen. Diese skurrile, aber überraschend effektive Methode hat sich schon unzählige Male zum Beispiel in der Spanischen Hofreitschule bewährt. Es soll sowohl mit trockenem Staub (da muss das Pferd auch trocken sein), besser aber mit feuchtem, wie beim vornehmen klassischen Reitinstitut Egon von Neindorff funktionieren: In Karlsruhe wird vor allen Vorstellungen Holzkohlestaub mit ein wenig Wasser zu einer dicken, schwarzen Pampe verrührt und direkt auf die Schmutzstellen aufgetragen. Während des Trocknens löst die Kohle den Gelbstich vom Fell und das ganze Gemisch lässt sich im trockenen Zustand problemlos ausbürsten. Zurück bleibt tatsächlich ein makellos weißes Fell. Zur Not geht es auch mit Spiritus, aber bitte nur sparsam an ausgesuchten Stellen, da die Haut geschädigt werden kann.

Im Sommer besteht bei Tinkern durchaus Sonnenbrandgefahr! Besonders gefährdet sind dabei Pferde mit viel Weiß im Gesicht, die an der Nasenpartie mehr oder weniger viele rosa Hautanteile haben. Schützen Sie Ihr Pferd daher schon vorher und cremen Sie ihm die Nase mit Lichtschutzfaktor 20 ein. Wenn es bereits zu spät ist, zeichnet sich der Sonnenbrand dunkelrot verkrustet auf der empfindlichen Haut ab. Die rosa Haut in der Fesselbeuge weißer Füße ist bei den Tinkern zum Glück mit dem langen Behang ausreichend geschützt.

Fliegen im Gesicht kann der Tinker mit seinem üppigen Schopf abwehren, der ihm zumindest um die Augen herum einen gewissen Schutz gewährt. In der heißen Jahreszeit ziehen sich aber alle Pferde in der Dämmerung gerne in fliegengeschützte Unterstände zurück. Einen Patentschutz gegen die lästigen Plagegeister gibt es nicht, auch wenn der Handel gerne Gegenteiliges verkündet. Sie können verschiedene Mittel ausprobieren, mal klappt es besser,

Achtung: Sonnenbrandgefahr! Rosafarbene Tinkerhaut reagiert sehr sensibel auf intensive Sonnenbestrahlung. Schützen Sie die Pferdenase im Sommer täglich mit einem hohen Lichtschutzfaktor!

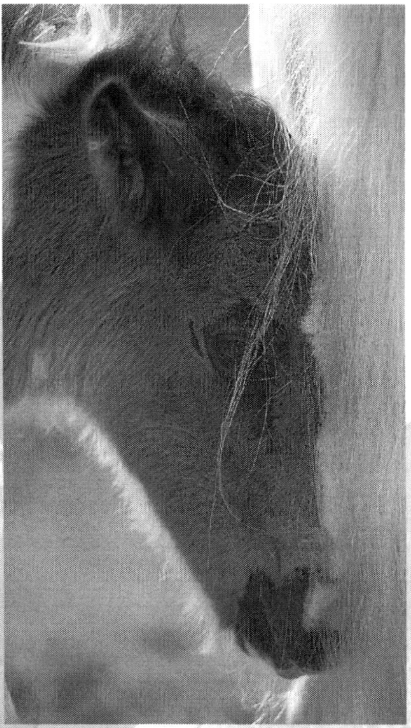

Solange ich noch keinen eigenen Schopf zur Fliegenabwehr habe, muss ich halt mit Mamas Schweif Vorlieb nehmen...

Hmmm! Kräftiges Schubbern an der Widerristregion ist das schönste Geschenk, das Sie Ihrem Tinker machen können. Die exakte Stelle und der nötige Druck sind von Pferd zu Pferd verschieden. Wenn es jedoch seine Oberlippe genießerisch vorschiebt, dann liegen Sie mit Sicherheit genau richtig!

mal schlechter, was wohl auch vom jeweiligen Pferd abhängen mag. Euter oder Schlauch können aber zum Beispiel mit Melkfett eingerieben werden, Penatencreme oder Zinksalbe eignen sich wiederum zum Schutz der Ohren. Täglich einige Teelöffel Knoblauchgranulat oder sogar zwei bis drei klein geschnittene oder gepresste Knoblauchzehen gefüttert (zum Beispiel unter Äpfeln- oder Möhrenschnitzeln versteckt) , schützen das ganze Pferd quasi von innen durch die Ausdünstungen. Erhöhen Sie die Dosis nach und nach auf fünf bis zehn Zehen täglich! Wilder Bärlapp auf der Koppel angesät, wird von den Pferden gerne gefressen und bewirkt dasselbe. Da Schweißgeruch Fliegen magisch anzieht, sollten Sie Ihr Pferd an den verschwitzten Stellen nach dem Reiten stets mit viel klarem Wasser abspülen, es wird Ihnen außerdem bei heißen Temperaturen dankbar für die angenehme Kühlung sein.

Vielleicht haben Sie im Sommer vor, Ihrem Tinker eine Generalüberholung mit Waschen und Spülen zukommen zu lassen. Der Handel bietet eine Unzahl von Putz- und Pflegemittelchen an, am meisten profitiert dabei aber immer noch der Hersteller und Ihr persönliches Gewissen, weil Sie Ihrem Tinker vielleicht etwas Gutes tun wollen. Ein günstiges, mildes Haarshampoo ist auch für Menschenhaar gut genug, wozu braucht man da ein meistens viel teureres, spezielles Pferdeshampoo? Bedenken Sie aber, dass bei jeder Art von Seifeneinsatz der wichtige natürliche Fettschutz des Fells verloren geht. Draußen, wo er doch hoffentlich untergebracht ist, kann Ihr Tinker beim nächsten Regen recht unangenehm bis auf die Haut durchnässen. Also sparsam mit Waschen und immer klar nachspülen! Freundschaft schließen Sie mit Ihrem Pferd auch ohne chemische Zutaten schon beim Putzen, wenn Sie einen sympathischen Weidegefährten imitieren: Der würde nämlich mehr oder weniger stark an Mähnenkamm und Schultern seines Pferdekumpels herumknabbern und das schaffen Sie mit einem Striegel oder Ihren Fingern ebenso, indem Sie diese Stellen ausgiebig kraulen. Der dazu benötigte Druck ist von Pferd zu Pferd verschieden und variiert von sanftem Berühren bis hin zu energischem Schubbern, also probieren Sie's einfach mal aus! Pferde bekunden sich damit gegenseitige Sympathie und verfestigen ihre sozialen Bindungen mit dem Knabberpartner. Sie müssen allerdings aufpassen, dass der Tinker Ihnen nicht den selben Liebesbeweis zurückgeben möchte. Zur Belohnung erhalten Sie von Ihrem geliebten Bunten ohnehin schon einen hingebungsvollen Genießerblick mit verdrehtem Kopf und vorgeschobener Oberlippe.

HAARE OHNE ENDE

Kommen Sie bitte nicht auf die Idee, Ihrem Tinker in Anlehnung an eventuell vorhandene Warmblutgesellschaft irgendwelche Haare zu stutzen! Geschorene Fesselbehänge reizen die Haut extrem und können Krankheiten verursachen. Mähne und Schweif bieten Schutz vor Wind und Wetter, und wenn der Schopf lang genug ins Gesicht hineinhängt, stört das nicht den Tinker, sondern vielmehr die Fliegen, die im Sommer nur allzu gerne rund um die Augen Platz nehmen würden. Dieselbe Funktion haben die langen Haare in den Ohren. Gängige Mähnenkämme sind nur zum Verziehen (das heißt Haarausreißen und -kürzen) geeignet, schaffen Sie sich also erst gar nicht so ein Ding an! Reinigen Sie die Mähnenhaare mit einer langborstigen Wurzelbürste (das sind die mit den langen blauen oder roten Kunststoffborsten), für den Schweif gibt's nur eine einzige akzeptable, leider recht zeitintensive Methode, wenn er im Laufe der Zeit vor lauter Haarausreißen nicht immer dünner werden soll: Das Verlesen per Hand. Dabei wird Strähne für Strähne abgeteilt und auf der ganzen Länge von der Haarwurzel nach unten gehend vorsichtig entwirrt. Eine kleine Wäsche des Langhaares alle vier bis sechs Wochen verhindert allzu starkes Verschmutzen, und danach verknoten sich die Haare auch nicht mehr so leicht. Das vielgebräuchliche Mähnenspray sollte wirklich nur bei wichtigen Anlässen verwendet werden. Es besteht aus flüssigem Silikon, das sich um die Haare legt, und auf Dauer schadet es ihnen mehr, als es vordergründig nützt.

Sehen Sie auch die langen Haare am Kinn oder unter dem Bauch nicht als lästig, sondern einfach als urig an. Sie verleihen dem Tinker seinen ganz besonderen, liebenswerten Touch und haben daneben vor allem

Dichter Behang ist das „Markenzeichen" der meisten Tinker.

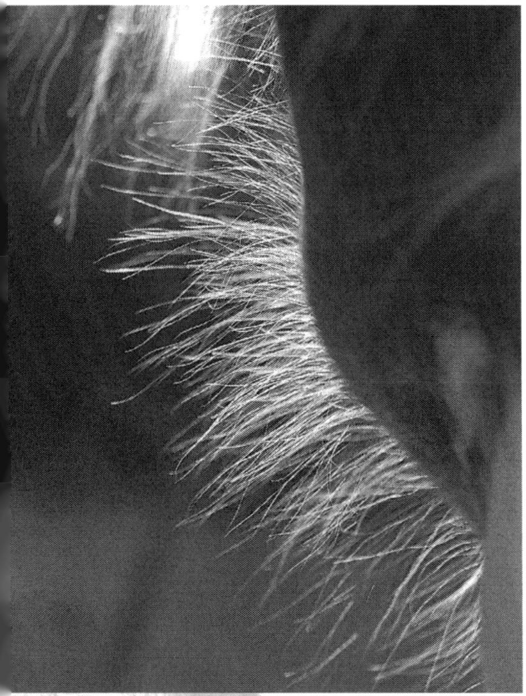

Selbst im kurzen Sommerfell bleiben beim Tinker vereinzelt lange Haare an Brust und Bauch stehen, um Regenwasser besser vom Körper abzuleiten.

eine wichtige, natürliche Funktion: Genau wie die Federn, der Behang an den Beinen, dienen diese Haare als Regenrinne. Sie leiten Wasser vom Körper weg nach unten ab, was bei dem recht feuchten Klima Irlands wirklich notwendig ist.

Besonders vorsichtig müssen Sie den originellen Schnurrbart behandeln, der manchen Tinkern (egal welchen Geschlechts) bisweilen auf der Oberlippe wächst. Er besteht aus besonders langen, empfindlichen Tasthaaren und darf deshalb auf keinen Fall gestutzt werden! Meistens hat er es noch nicht einmal nötig, in Form gebürstet zu werden, weil sich die Enden bei genügender Länge meistens von selbst keck nach oben rollen. Pflegen Sie ihn sorgfältig, denn welche anderen Pferde können schon mit so etwas aufwarten?

Ihren dichten Kötenbehang haben die Tinker wohl von den Kaltblutgiganten, den Shires und Clydesdales geerbt, von denen sich ja einige in der Ahnenreihe befinden. Diese Federn sind feiner als Mähnen- und Schweifhaare und sollten entsprechend gepflegt werden. Als ideal für den Fesselbehang haben sich übrigens Kämme für Langhaarkatzen und Hundestriegel erwiesen, die Sie aber nicht im Reitsportgeschäft, sondern nur in einer Zoohandlung erwerben können.

Falls Ihr Tinker rund um die Füße einmal tipptopp aussehen soll, dann können Sie sich bei den Riesen der Pferdewelt einige Anregungen holen: Bei diesen Rassen wird der Behang nämlich extrem hoch geschätzt, entsprechend gepflegt und vor Shows zunächst mit Schmierseife gewaschen. Dann streut man reichlich Sägemehl in die nassen Haare, schüttelt es wieder heraus und wiederholt den Vorgang mehrmals. Zum einen wird die Feuchtigkeit sehr schnell und effektiv aufgesaugt, zum anderen plustert das Mehl die weißen Haare herrlich auf, so dass sie sehr locker und flauschig fallen und äußerst dekorativ um die Fesseln herumwehen. Jedes Gramm Behang, das bei einem Shire über das Vorderfußwurzelgelenk hinauswächst, soll übrigens nach Aussage alter englischer Züchter „gut 1000 Pfund" wert sein ... leider gilt das noch nicht für Tinker.

Säubern Sie den Behang vor dem Kämmen mit einer groben Wurzelbürste, befreien Sie ihn dabei von grobem Schmutz und überprüfen Sie vor allem unter den Haaren regelmäßig den Gesundheitszustand von Fesselbeugen, Kronenrand und Hufen. Dabei wären wir schon beim nächsten Kapitel:

Hufe: Unterwegs auf großem Fuß

Tinker sind mit ihren großen, breiten Hufen, die sich auf Irlands weichen Böden zwangsläufig entwickeln, sehr gut zu Fuß unterwegs. Ohne regelmäßige Pflege und fachgerechte Versorgung können aber selbst bei diesen Robustpferden die Hufe zum wunden Punkt werden. Schon beim ersten Hufaufheben kann es übrigens bei einigen Tinkern durchaus böse Überraschungen geben: Sie geben ihre Füße einfach nicht her, weder zum Auskratzen noch zum Ausschneiden, und wehren sich heftig gegen alle Versuche. Die meisten Tinker haben aber gerade diese Pflege nach ihrer Ankunft auf dem Kontinent dringend nötig. Lassen Sie sich von diesem etwas unkooperativen Verhalten nicht irritieren und aus der Ruhe bringen. Es kann verschiedene Ursachen haben und ist nicht halb so wild, wie es zunächst aussieht:

- Sie wenden beim Hufeheben die falsche Technik an! Wenn überhaupt, dann werden Tinkerhufe in Irland nur am Behang aufgehoben. Versuchen Sie es und ziehen Sie den Fuß am Behang gefühlvoll aber konsequent nach oben! Das Pferd wird sich daran erinnern und bald wieder wie selbstverständlich die Hufe geben.
- Der Tinker hat beim zwangsweisen Hufeausschneiden vor oder während des Transportes zum Händler auf dem Festland schlechte Erfahrungen mit rücksichtslosen „Pflegemaßnahmen" gemacht, oder hat in seiner Heimat sein ganzes Leben lang noch nie die Hufe geben müssen.

Jetzt sind Einfühlungsvermögen und Geduld gefragt! Wenn Sie das Hufegeben mit Gewalt versuchen, dann werden Sie auf mehr passive Gegenwehr, sprich Sturheit stoßen, als jedem nur lieb sein kann. Entweder: Der Tinker tut Ihnen nichts und genau das ist das Problem: Das Pferd tut nämlich absolut gar nichts mehr! Oder: Der Tinker fängt in seiner Unsicherheit an, mit den Hinterfüßen zu stampfen und dann können Sie nur noch hoffen, dass Sie Ihre Füße rechtzeitig in Sicherheit gebracht haben.

Dabei ist es verblüffend, wie schnell gerade ein Tinker bei entsprechender Geduld lernt und natürlich gilt dies auch fürs Hufgeben. Ziehen Sie einfach nachdrücklich mehrmals am Tag am Behang (da merkt man erst mal, wofür diese Haare noch gut sind!) und versuchen Sie in aller Ruhe, den Huf anzuheben. Eine weitere Möglichkeit ist es, einen weichen Strick um die Fesselbeuge herumzulegen und beide Enden in der Hand zu halten. Damit ziehen Sie den Fuß langsam, aber kraftvoll (was meinen Sie, wie viel so ein Tinkerfuß wiegen kann, wenn das Pferd ihn nicht hochheben will!) unter den Bauch. Je nach Stricklänge sollten Sie im Falle eines Abwehrschlages genügend Platz zwischen sich und dem Pferd haben. Nach einer Weile müssen Sie das Seil mit Ihrer Handberührung kombinieren und dann klappt das mit dem Hufgeben relativ schnell. Natürlich sollten Sie nach jedem noch so geringen Erfolg mit Lob nicht sparen und immer daran denken, dass Tinker wie alle Pferde natürlich sehr zugänglich für Leckereien sind. Geschickt angeleitet begreift selbst ein ausgewachsener Tinker den ganzen Vorgang von Null beginnend komplett in drei bis vier Tagen und drückt dann selbst dem Schmied seine Hufe zum Ausschneiden so cool in die Hände, als hätte er sein Leben lang nichts anderes getan. Bei den meisten Pferden würden Sie wahrscheinlich mehrere Wochen benötigen, wenn Sie versuchen sollten, einen Dreijährigen davon zu überzeugen, er müsse Ihnen jetzt zum ersten Mal die Hufe geben - einige blaue Flecken inklusive.

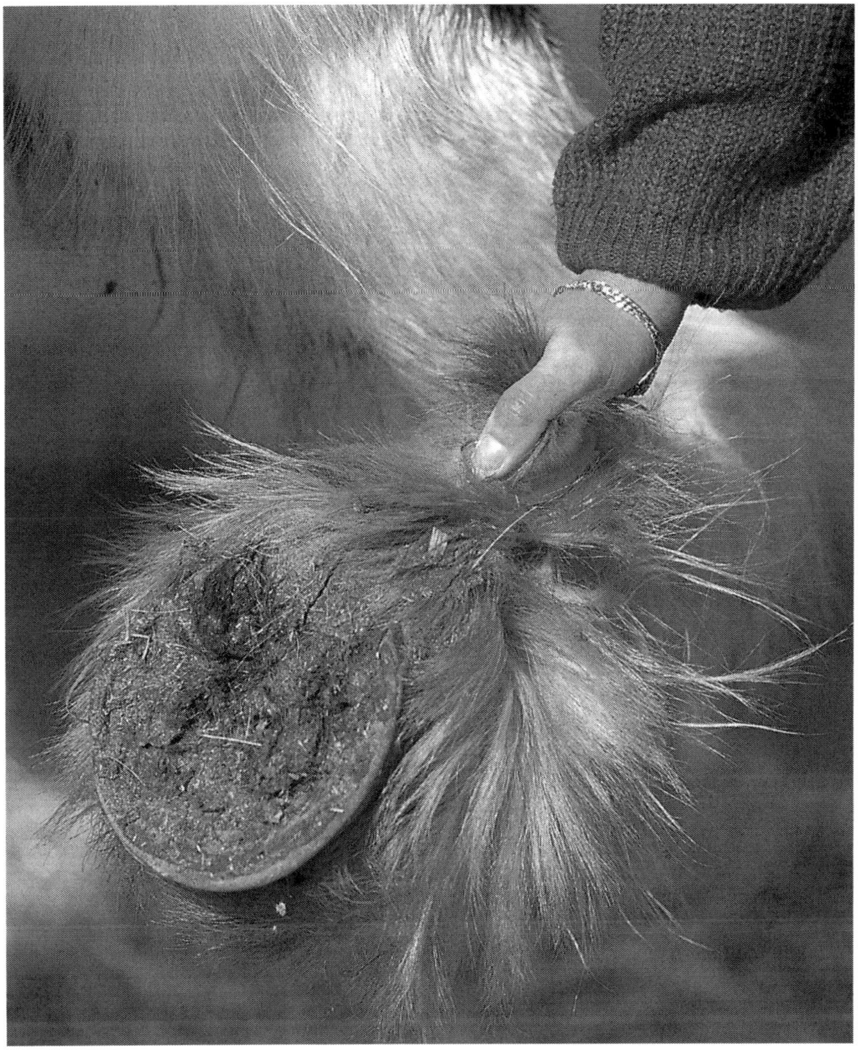

Die Hufe eines Tinkers können Sie recht einfach am Behang aufheben. Keine Angst: Es „ziept" nicht für das Pferd! Packen Sie nur gefühlvoll aber gleichzeitig konsequent zu. Gut zu erkennen: Die breiten, flachen Tinkerhufe.

Beschlagen werden Pferde im Allgemeinen, um unregelmäßige, krank- und fehlerhafte Huf- und Gliedmaßenstellungen zu korrigieren oder um ihnen einen besseren Halt-, Gleit- oder Abnutzungsschutz zu geben. Auch wenn er manchmal unerlässlich ist und dann im Abstand von sechs bis acht Wochen regelmäßig korrigiert oder erneuert werden muss, wirkt sich doch jede Art von Beschlag auch in irgendeiner Form nachteilig auf den Huf aus. Er unterdrückt zum Beispiel die Elastizität und damit den natürlichen Mechanismus mit seiner durchblutungsfördernden Wirkung im Huf, mindert das Hornwachstum oder fördert je nach Belastung ein unregelmäßiges Hufwachstum. Natürlich haben sich darüber bereits viele Fachleute den Kopf zerbrochen, die Allroundlösung ist aber noch nicht gefunden worden. Zu individuell reagieren Pferde auf verschiedene Metall- oder Kunststoffbeschläge, egal ob genagelt oder an den Huf geklebt. Hufschuhe sind eine weitere Alternative, aber auch da muss man sich eingehend informieren und jeweils fachgerecht anpassen, will man nicht jeden Ritt auf der Suche nach verlorenen Teilen zu Fuß wiederholen. Die Qualität des Hufhorns, die Nutzung des Pferdes und der

Die etwas flachgestellten Hufe der Tinker sind in der Regel trotz hellem Hufhorn sehr widerstandsfähig und wenig anfällig gegen gängige Hufkrankheiten. Barfußgehende Pferde brauchen aber eine besonders sorgfältige Hufpflege.

Natürlich sollen Pferde nicht ständig im Matsch stehen, aber Hufe brauchen regelmäßig Feuchtigkeit. Tau vom Weidegang, Pfützen oder ein Bachlauf können ihre positive Wirkung aber nur am ungefetteten Huf entfalten. Wenn's unbedingt sein muss: Hufe nur nach eingehendem Wässern einfetten, dann bleibt die Feuchtigkeit drin!

überwiegende Untergrund, auf dem es sich bewegt, sind nach wie vor ausschlaggebend für einen zweckmäßigen Schutz des Hufes.

Naturgemäß wird die Abnützung des unbeschlagenen Hufes durch rund einen Zentimeter Hornwachstum pro Monat ausgeglichen. Die konkrete Hufabnutzung hängt dabei aber stark von der Beanspruchung und der Bodenbeschaffenheit des Geländes ab, auf dem sich das Pferd bewegt.

Der Zehenwinkel beträgt in der Regel bei regelmäßig gewinkelten Vorderbeinen 45 bis 50 Grad, bei den Hinterhufen 50 bis 55 Grad. Bei Tinkern ist dieser Winkel häufig flacher, aber im Gegensatz zu den meisten anderen Pferden, deren Sehnen dadurch wesentlich mehr belastet und damit auch anfälliger werden, spielt dieses Problem bei Tinkern anscheinend kaum eine Rolle und bedarf recht selten einer Korrektur durch einen orthopädischen Beschlag. Im Gegenteil: Tinker scheinen sogar gerade durch diese Form etwas weniger anfällig für gängige Huf-Zivilisationskrankheiten wie Hufrollenentzündung oder Zwanghuf zu sein.

Weiße Abzeichen bedingen meistens helles Hufhorn, das erfahrungsgemäß von Schmieden weicher oder empfindlicher eingestuft wird als dunkles Horn. Tinker haben sehr oft weiße Beine und damit helles Horn, aber dennoch erstaunlich widerstandsfähige Hufe und gingen früher sogar öfter unbeschlagen vor dem Wagen. Heute ist der vorhandene Beschlag eines importierten Tinkers ein relativ sicheres Zeichen dafür, dass das Pferd bereits im Geschirr gegangen ist, denn selbst in Irland werden heutzutage Zugpferde beschlagen. Auch bei uns sollte ein Tinker bei häufigem Einsatz auf der Straße, wenn die Hufe sich zu stark abnutzen, einen Hufschutz bekommen.

Barfuß gehende Pferde brauchen eine besonders sorgfältige Hufpflege. Sohle und Strahlfurchen müssen täglich gereinigt werden. Auf hartem Boden läuft sich überwiegend der Zehentragerand ab, wobei die Trachten höher werden und regelmäßig gekürzt werden müssen. Außerdem ist der Tragrand alle vier bis sechs Wochen abzurunden, damit er nicht ausbricht und Hornspalten vermieden werden. Bei weichem Boden zeigen die Hufe hingegen eine geringere Hornabnutzung, was bei den ohnehin breiten Tinkerhufen zu einer zusätzlichen Weitung der Hufe führt. Oft brechen dabei die Tragränder oder ganze Hornteile ab. Wegen der besonders dünnen Sohle ist dann beim Ausschneiden besonders darauf zu achten, dass nur das lose Horn entfernt wird, während Strahl und Eckstreben geschont werden. Äußerst sinnvoll ist es auch, die Hufsohlen (aber auch nur die Sohlen!) zur Stärkung des Hornes einmal pro Woche mit Hufteer, der eigentlich nichts anderes als Holzteer ist, einzupinseln.

Zur Hufpflege gehören auch ein abwechslungsreicher Futterplan sowie ausreichende Bewegung des Pferdes unter dem Sattel, auf der Koppel oder im Offenstall mit verschiedenen Bodenbeschaffenheiten. Matsch ist wegen der Feuchtigkeitszufuhr sehr gut für Hufe, aber die Pferde dürfen nicht ständig im Morast stehen. Dies kann ebenso wie zu üppige, einseitige oder minderwertige Fütterung zu Huferkrankungen führen. Ähnlich wie die Jahresringe bei Bäumen zeugen zum Beispiel die bei Tinkern häufig auftretenden Futterrillen von wechselhaften Futterbedingungen und daraus resultierenden mangelhaften Ernährungszuständen in der Vergangenheit.

Hufe, die genügend oft mit Feuchtigkeit, zum Beispiel auf der Weide oder bei Ausritten durch feuchtes Gras, bei Pfützen- oder Bachdurchquerungen, in Berührung kommen, brauchen trotz anders lautender Aussagen der Hersteller und entgegen der Gewohnheit vieler Pflegefans nicht gefettet zu werden! Nicht das Fett, sondern die Feuchtigkeit hält die Hufe geschmeidig und gefettete Hufe können keine Feuchtigkeit aufnehmen. Spröde Hufe müssen also vor dem Fetten immer erst gewaschen oder gewässert werden. Nur so kann das Fett die Feuchtigkeit im Huf halten, während es beim Fetten des trockenen Hufes die Feuchtigkeit sogar daran hindern würde, in den Huf einzudringen.

Falls die Hufe in Ihren Augen einmal völlig „verdreckt" sind, dann lösen Sie den Schmutz bitte nur mit einem klaren Wasserstrahl aus dem Schlauch! Mit dem durchaus noch gängigen Wurzelbürstenschrubben zerstören Sie mit den harten Borsten nur die schützende Glanzschicht auf dem Huf und schaden damit Ihrem Tinker!

Typische Tinkerkrankheiten: Auch den Gesündesten erwischt es mal

Mit dem Kauf haben Sie dem Tier gegenüber nicht nur eine moralische, sondern auch eine vom Tierschutzgesetz geregelte Verpflichtung übernommen und sind für sein Wohlergehen und seine Gesundheit verantwortlich. Seien Sie sich dessen immer bewusst! Halten Sie Leiden so weit wie möglich von Ihrem Tinker fern, nehmen Sie auch kleine Wehwehchen ernst. Rechtzeitig erkannte und behandelte Krankheiten helfen, die Heilung zu beschleunigen und auch die Kosten möglichst gering zu halten.

Als Robustpferde sind Tinker bei entsprechend artgerechter Haltung und Versorgung sehr widerstandsfähig gegen alle möglichen gesundheitlichen Probleme, die Pferde so entwickeln. Sie bekommen zum Beispiel so gut wie nie das gefürchtete Sommerekzem, andere Problemchen bringen sie aber gerne aus Irland mit. Sind diese Pferde erst einmal völlig gesund gepflegt, werden Sie den Tierarzt wahrscheinlich recht selten für Ihren Tinker brauchen. Hunderprozentige Sicherheit kann es aber nicht geben! Genauso wenig, wie Unfälle selten Zufälle sind, sind auch viele Krankheiten vorhersehbar und daher durch entsprechende Vorsorge abwendbar. Nicht wenige, wie zum Beispiel Fettleibigkeit, angelaufene Beine und anderes mehr, entstehen leider durch falsch verstandene Tierliebe, weil der Besitzer nicht genügend über die echten Bedürfnisse seines Pferdes weiß.

Natürlich hoffen wir, dass Ihr Tinker Sie so viele Jahre wie möglich durch Gesundheit erfreut, aber letztendlich müssen Sie ein Gespür für Verdachtsfälle entwickeln. Beobachten Sie das Pferd genau: Hat es ein glänzendes Fell, wache Augen und ein lebhaftes Ohrenspiel? Nimmt es Kontakt mit

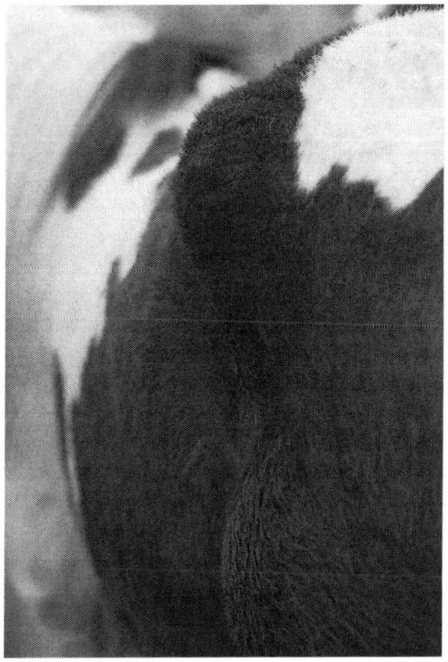

Während Tinker wie diese frisch importierte Stute in Irland oft an Verwurmung oder Mangelerkrankungen leiden und dementsprechend aussehen, ziehen sie sich hierzulande trotz ihrer robusten Natur aufgrund falsch verstandener Tierliebe ihrer Besitzer eher „Wohlstandskrankheiten" zu.

seiner Umwelt auf? Ist es besonders teilnahmslos oder unruhig, und vor allem: hat es keinen Appetit? Spätestens wenn beim Dauerfresser Tinker das Futter liegen bleibt, sollten Sie ihn sich einmal näher ansehen und im Zweifelsfall lieber einen echten Fachmann oder sogar gleich den Tierarzt hinzuziehen. Von ihm verordnete Medikamente in Pulverform schlecken Tinker, die an Leckerli gewöhnt sind, übrigens gerne auf, wenn sie mit etwas Honig vermischt werden.

ERKÄLTUNGEN UND IMPFUNGEN

Oft kommen die Pferde aufgrund eines nachlässigen Transports mit dicken Erkältungskrankheiten bei uns an, die eine intensive Tierarztbehandlung erfordern, wenn das Pferd keinen dauerhaften Schaden nehmen soll. Gängige Impfungen gegen die wichtigsten Infektionskrankheiten sind Tetanus (diese Impfung ist auch für jeden

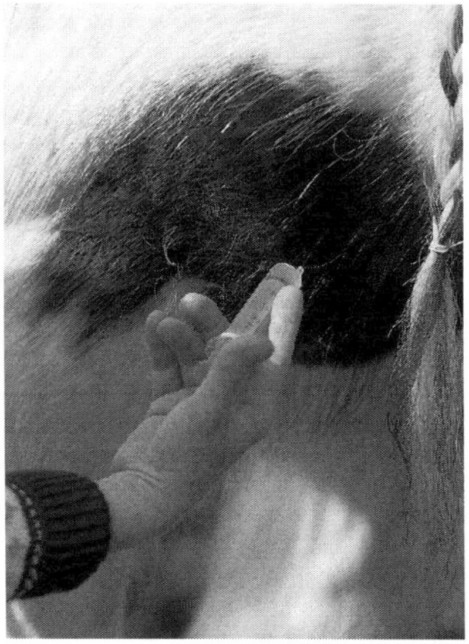

Lassen Sie bei Importtinkern nach einer konstitutionsabhängigen Erholungspause alle notwendigen Impfungen erneuern, wenn Sie nicht bereits in einem deutschen Impfpass des Pferdes vermerkt wurden.

Kurz und schmerzlos: Spritzen Sie die Wurmkur ohne langes Zögern tief ins Maul und achten sie darauf, dass das Pferd nichts davon ausspuckt!

Reiter ein absolutes Muss!), Tollwut, Influenza und eventuell bei trächtigen Stuten Rinopreumonitis/Virusabort, die alle Pferde bis zu einem gewissen Grad auch vor Husten schützt. Gerade letztere Krankheit ist in Irland fast unbekannt und daher sehr untypisch für Tinker. Dennoch könnten sich Stuten auf dem Transport infiziert haben. Bei angeblich in Irland geimpften Tinkern sollte man - egal welche Impfung - misstrauisch sein. Die wichtige Tetanus-Impfung erfolgt meistens sofort nach der Ankunft durch einen Tierarzt. Mit anderen Impfungen sollte man noch etwas warten, denn schon eine kleine Erkältung kann in Zusammenhang mit einer Impfung böse Folgen haben. Bei Stuten empfiehlt sich eine Trächtigkeitsuntersuchung, um den Impfstoff entsprechend abzustimmen. Viele Tinkerstuten werden beim Transport unbeabsichtigt gedeckt, so dass auch dahingehend beim Kauf unbedingt eine Untersuchung anzuraten ist, wenn man nicht unversehens eineinhalb Pferde im Stall haben möchte.

WURMKUREN: OHNE GEHT'S AUF KEINEN FALL

Neben den periodisch erfolgenden Impfungen müssen Sie Ihrem Tinker regelmäßig Wurmkuren, eine der wichtigsten Gesundheitsprophylaxen, verabreichen. Würmer sind im Pferdekörper nistende Schmarotzer, die zum Beispiel beim Fressen aufgenommen werden. Sie können erhebliche Schäden an Organen anrichten, zu starker Abmagerung bei aufgeblähtem Bauch führen oder lebensgefährliche Koliken verursachen. Je nach Haltung und Pferd können die auf verschiedene Erreger abgestimmten Medikamente vom Tierarzt bei Offenstall-Weidehaltung bis zu vier bis sechs Mal jährlich jeweils kurz vor dem Weideaustrieb, danach zweimal folgend im Abstand von neun bis zehn Wochen und dann nochmals im Oktober/November verordnet werden. Im Herbst muss darauf geachtet werden, dass sich der Wirkstoff nicht nur gegen Würmer, sondern zusätzlich auch gegen Dasselfliegenlarven richtet, deren Eier im Juli/August direkt auf dem Pferd abgelegt werden und durch Lecken oder Beknabbern in den Körper gelangen.

Der Grad der Verwurmung kann vom Tierarzt anhand einer Kotprobe überprüft werden, mithilfe derer Art und Schwere eines Befalls konkret bestimmt und eine gezielte Behandlung eingeleitet werden muss. In Irland verwendet man auf die Tinker natürlich nicht so viel Mühe. Sie werden dahingehend niemals behandelt und kommen zum Teil völlig verwurmt und in dementsprechend jämmerlichem Zustand zu uns. Bei älteren Importpferden sollte man unbedingt vor dem Kauf anhand der Leberwerte überprüfen, ob die inneren Organe durch die Würmer noch keinen Schaden genommen haben. Es hat sich bei Tinkern bewährt, die Wurmkur tatsächlich sechsmal jährlich zu geben, da diese Pferde wesentlich schneller und auch hochgradiger verwurmen als andere. Sinnvoll ist es, Neuankömmlingen zunächst nach der Ankunft eine leichte Wurmkur zu geben, um die ärgsten Leiden zu lindern. Nach drei bis vier Wochen Eingewöhnungszeit kann man dann die härteren Geschütze auffahren, weil sich der durch den Transport geschwächte Pferde-Organismus schon etwas erholt hat und die Medikamente besser wirken.

KOLIK: MEHR ALS BAUCHWEH

Wenn Sie sich nicht dazu hinreißen lassen, Ihrem artgerecht gehaltenen Tinker zu eiweißreiches Futter zu servieren, dann reduzieren Sie auch das Risiko einer Kolik - im ungünstigsten Fall kann das Pferd innerhalb von ein bis zwei Stunden daran sterben! Kolik ist ein nicht näher definierter Sammelbegriff für Bauchschmerzen im weitesten Sinne und kennzeichnet nur das Symptom, nicht eine bestimmte Krankheit. Der Darm gehört zu den anfälligsten Organen im Pferdekörper, und es gibt kaum ein Pferd, das nicht hin und wieder einmal daran erkrankt, egal wie sehr man aufpasst. Die Anzeichen einer Kolikerkrankung hängen im Wesentlichen vom Grad der Schmerzen ab. Vom unruhigen Umhertrippeln, Scharren oder Niederlegen ist über Unruhezustände, Zähneknirschen und Wälzen bis hin zum rücksichtslosen auf-den-Boden-Werfen alles möglich.

Tinker neigen ähnlich wie Kaltblüter oder Ponys eher zu den stillen Koliken, bei denen das Pferd in einer auffällig ruhigen Streckstellung verharrt, flehmt, sich nach seinem Bauch umsieht oder zu ungewöhnlichen Tageszeiten, wie der Futterzeit oder beim Misten, liegt. Beim Tinker kommt erschwerend hinzu, dass diese Pferde gerne einmal ohne erkennbaren Grund mit den Füßen aufstampfen oder Grunzlaute ausstoßen. Sie müssen unbedingt lernen, Ihr Pferd einzuschätzen, sein Leben kann davon abhängen! Einige Sicherheit kann ein Abhören des Pferdeunterbauches geben, in dem es links in Abständen von wenigen Sekunden gurgeln sollte, rechts erfolgt etwa einmal pro Minute ein gluckerndes Geräusch. Falls diese Geräusche deutlich vermindert oder verstärkt sind oder gar ganz ausbleiben, sollten Sie unbedingt den Tierarzt holen!

PILZE UND FLÖHE: LÄSTIGE MITBRINGSEL AUS IRLAND

Viele Tinker haben bei ihrer Ankunft auf dem Kontinent kahle Stellen am Kopf, die sich bei näherer Untersuchung als Pilzerkrankungen herausstellen. In Kombination mit Hautabschürfungen und Druckstellen fördern feuchte oder unhygienische Umweltbedingungen die Ansiedlung von Pilzen auf der Haut. Sie können sich monatelang im Haarkleid aufhalten, ohne zu sichtbaren Veränderungen zu führen. Diese treten nämlich oft erst dann auf, wenn der Körper zusätzlich geschwächt und gestresst wird und das ist wohl bei allen Tinkern während ihres Transportes aufs Festland der Fall. Nachdem die Pilze häufig an Stellen mit mechanischen Reizen auftreten und die Tinker in Irland oft nur ein Halfter getragen haben, sind nicht wenige Köpfe importierter Tiere mit verpilzten und daher kahlen Stellen versehen. Neben einer unbedingt erforderlichen Behandlung mit einem Antimykotikum durch den Tierarzt begünstigt eine artgerechte Weidehaltung mit ausreichender Vitamin- und Mineralstoffversorgung die Heilung. Der Kontakt von erkrankten mit nicht erkrankten Pferden ist möglichst zu unterbinden. Da die Übertragung der Hautpilze außer durch direkten Kontakt auch durch Gegenstände wie Halfter, Decken oder Putzzeug erfolgen kann, braucht jedes Pferd seine komplett eigene und von der anderer Pferde getrennte Ausrüstung. Alles Zubehör eines mit Pilz befallenen Pferdes muss desinfiziert werden! Der Pilz ist auch auf den Menschen übertragbar. Nach dem Umgang mit erkrankten Pferden ist Händewaschen ein Muss!

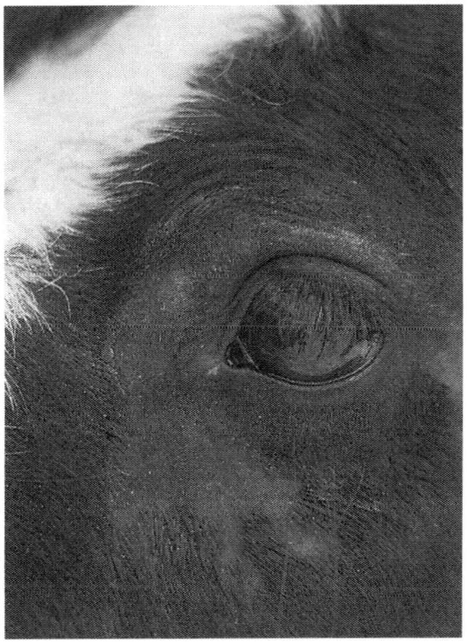

Pilzerkrankungen können am ganzen Körper in Form von kahlen Stellen, rundlichen, weißen Flecken usw. auftauchen. Wegen der hohen Ansteckungsgefahr sollte das befallene Pferd keinen Kontakt zu Artgenossen haben und braucht sein eigenes Zubehör!

Der Transportstress begünstigt bei nicht wenigen Tinkern einen Befall mit Ungeziefer wie Flöhen, Läusen oder Haarlingen, oft sitzen sie schon ein Leben lang im Fell. Eine Behandlung erfolgt durch mehrmaliges Waschen mit speziell auf das jeweilige Ungeziefer abgestimmten Medikamenten vom Tierarzt. Waschlotionen, auch gegen Pilze, müssen immer mit Wasser verdünnt werden. Richten Sie sich genau nach der Packungsangabe und glauben Sie nicht, dass eine höhere Konzentration Ihrem Tinker schneller hilft! Im Gegenteil: Sie würde das Hautbild sogar noch verschlimmern. Eine Behandlung ist dringend erforderlich, um eine weitere Schwächung des Pferdes und auch die Ansteckungsgefahr für den Rest des Bestandes zu unterbinden. Sobald sich die Pferde erholt haben und einen besseren Futterzustand haben, ist die Anfälligkeit für Haarlinge nicht mehr gegeben.

MAUKE UND RASPE: HEILBAR UND VERMEIDBAR

Unter Ekzemen versteht man Entzündungen der oberen Hautschicht, die meist an typischen Körperstellen anzutreffen sind. Neben einem großflächigen Hautausschlag, Haarausfall oder Juckreiz in Mähne und Schweif aufgrund zu eiweißhaltigem Futter, überhöhter, falscher Mineralfuttergabe oder Mineralfutterunverträglichkeit (man sollte keine Billigprodukte füttern, sondern Mineralfutter vom Tierarzt) kommen bei Tinkern vor allem Mauke und die bei anderen Rassen eher seltene Raspe vor.

Langer Fesselbehang leitet das Wasser bei Niederschlägen normalerweise gut vom Pferdekörper ab. Wenn der Tinker aber

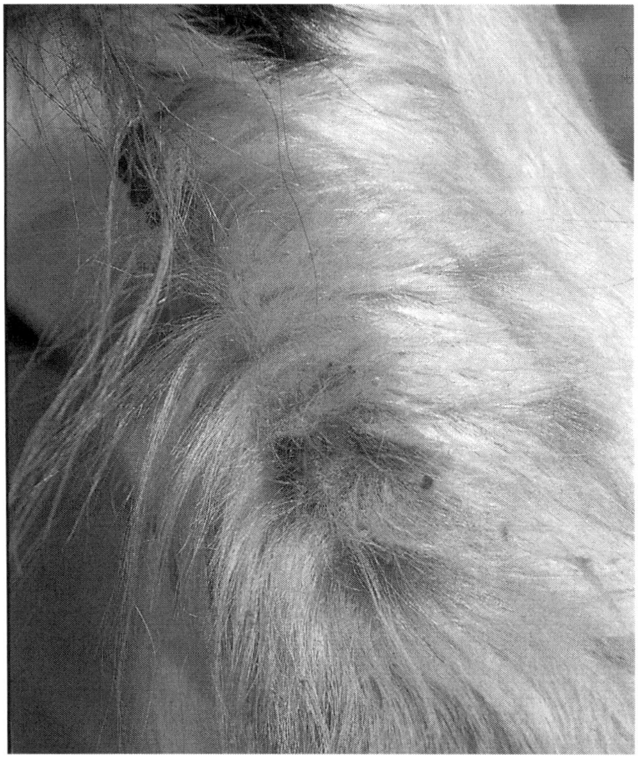

Stark juckende Raspe, ein Pendant zur Mauke am Vorderfußwurzelgelenk eines Tinkers. Untersuchen Sie die Haut unter dem Behang regelmäßig nach kleinsten Schorfstellen.

Befreien Sie Beine. Fesselbeugen samt Behang öfters mit klarem Wasser von Schmutz und Staub. Trocknen Sie alles mit einem weichen Lappen.

zum Beispiel im Winter tage- oder wochenlang in Pfützen, Schmelzwasser, morastigem oder feuchtem Untergrund, womöglich noch mit Einwirkung von Streusalz, das von einem Weg heruntergespült wurde, steht, tritt genau der gegenteilige Effekt auf: Die durchtränkten Haare halten Schmutz und Feuchtigkeit dauerhaft am Fuß. Im empfindlichen Kontaktbereich der Fesselbeuge kann Mauke auftreten, ein eitriges, schorfiges Ekzem. Die Haut ist dann gerötet und sondert Wundflüssigkeit ab, die zusammen mit Schmutz schmierige Beläge bildet. Leichte Fälle können mit einer Zink-Lebertran-Salbe behandelt werden. Durch die geschädigte Haut können zusätzlich eitererregende Bakterien eindringen und zum Einschuss führen, dann muss unbedingt der Tierarzt kommen. Mauke kann auch das ganze Bein befallen und langfristige Lahmheiten verursachen. Neben dauerhafter Feuchtigkeit können zum Beispiel auch mangelhafte Stallhygiene, Bodenbakterien oder chemische Rückstände an Pflanzen oder im Boden das Ekzem auslösen.

Im Vergleich zu anderen Rassen tauchen bei Tinkern an den Vorderfußwurzel- oder Sprunggelenken relativ häufig Symptome der Raspe, ein Erbe ihrer Vollblut- und Warmblutvorfahren, auf. Auf diese Erkrankung weisen verdickte, haarlose Hautstellen hin, die oft stark juckend sind.

Beide Ekzeme können auch die Folge einer unzureichenden Hautpflege sein, wenn aus Schmutz und abgestoßenen Hautzellen ein Belag entsteht, der den Luftzutritt zur Haut beeinträchtigt. Befreien Sie also die Beine und Fesselbeugen Ihres Tinkers häufig mit klarem Wasser von Schmutz und Staub und trocknen Sie anschließend alles mit einem weichen Lappen. Babypuder bindet weitere Feuchtigkeit, verklebt aber auch wiederum die Haare. Puderzucker wirkt sogar bei Menschen als Wundheilmittel und kann daher ebenfalls die Heilung der Mauke beschleunigen. Auch Persil (und nur Persil, nicht irgendein Waschmittel!) wird als Geheimtipp eine gewisse antiseptische Wirkung nachgesagt. Bei manchen Tinkern hilft es, als Waschlauge aufbereitet, vorsichtig eingeschäumt und natürlich klar nachgespült, vorzüglich gegen Ekzemstellen, außerdem wird der Behang Ihres Pferdes wahrscheinlich endlich mal wieder blütenweiß ...

Kontrollieren Sie den sensiblen Fesselbeugenbereich regelmäßig und achten Sie dabei auf kleinste Veränderungen der Haut. Die Haare in der Fesselbeuge dürfen auf keinen Fall geschoren werden, da sie dann bei Bewegung in die Haut pieksen, diese reizen und das Ekzem erst recht auslösen! Vorbeugende Maßnahmen sind entsprechende Pflege und eine bedarfsgerechte, das heißt eiweißarme, vielseitige Ernährung mit genügend Vitaminen und Mineralstoffen. Die Behandlung eines Ekzems kann je nach Fortschritt und Ausprägung der Erkrankung recht kompliziert sein und sollte unbedingt vom Tierarzt durchgeführt werden.

MAUKE IN DER FESSELBEUGE, EVENTUELL DURCH MILBEN VERURSACHT

Bisweilen bilden sich auch schorfartige Ekzeme unter dem Behang, die von einem Milbenbefall herrühren. Selbst wenn der Schorf vom Tierarzt eingehend untersucht wird, klappt die Diagnose und Behandlung nicht immer auf Anhieb. Tinkerbesitzerin Petra Stadtmüller behandelte ihre stark befallene Stute nach diversen vergeblichen Versuchen erfolgreich mit einigen Hausmittelchen, die Ihnen nicht vorenthalten werden sollen:

- Waschen Sie den Behang zunächst mit einem handelsüblichen Vollwaschmittel (Persil), dieses wirkt antibakteriell. Es löst verklebte Haare, die danach zunächst einmal schneeweiß, etwas keimfreier und geschmeidig sind. Alles wieder gut ausspülen!
- Kaufen Sie in einer Apotheke die desinfizierende Wundlösung Betaisadona-Shampoo und reiben Sie diese sorgfältig in die befallenen Stellen ein. Nicht erschreckender Behang wird dadurch wieder gelb! Nach fünf bis zehn Minuten Einwirkungszeit können Sie fühlen, dass sich der etwas aufgeweichte Schorf bereits ein wenig löst. Auch diese Lösung waschen Sie dann wieder mit viel klarem Wasser aus.
- Bereits offene Wunden in der Fesselregion sollten Sie mit der, aufgrund eines Antibiotikumanteils, verschreibungspflichtigen und in jeder Apotheke erhältlichen Salbe Aureomycin einreiben. Zur schnellen Wundheilung reiben Sie die Wunde jeden zweiten Tag mit einer kortisonhaltigen Salbe (zum Beispiel Kortikoit) ein.

Wenn sich Ihr Tinker öfters die Füße beknabbert, kann das ein Hinweis auf Milbenbefall sein.

- Wenden Sie Waschung und beide Mittel eine Woche lang täglich an.
- Nach zehn bis 14 Tagen müssen Sie noch einen Behandlungsdurchgang machen, da nach diesem Zeitraum die neue Larvengeneration schlüpft. Danach sollte Ihr Tinker mit dem Ungeziefer keine Probleme mehr haben!

SELENMANGEL: ERWORBEN AUF DEUTSCHEN BÖDEN

Auffallend viele Tinker wirken nach längerer Zeit in Deutschland plötzlich müde und unausgeglichen, liegen und schlafen sehr viel, nehmen bei gleicher Futtergabe ab und bekommen ein stumpfes Fell. Doktern Sie nicht an dem Pferd herum, sondern lassen Sie in diesem Falle unbedingt vom Tierarzt ein Blutbild erstellen, denn die Tinker leiden häufig an Selenmangel. Auch bei älteren Pferden treten durch zu wenig Selen- und Vitamin E-Zufuhr bedingte Mangelerscheinungen auf, die sich jedoch meistens auf Bewegungsstörungen beschränken.

Wahrscheinlich stehen dem Tinker in seiner Heimat ebenso wie dem Isländer wesentlich selenhaltigere Böden und damit auch entsprechende Fresspflanzen zur Verfügung. Genetisch kann sich daraus sehr wohl eine Gewöhnung und damit ein wesentlich höherer Selenbedarf entwickelt haben. Der niedrigere Selengehalt in unseren Bodenzusammensetzungen führt dann bei Tinkern zwangsläufig zu einer Unterversorgung. Diese bedarf einer medizinischen Behandlung und gleichzeitiger Überwachung durch den Tierarzt. In Verbindung mit Vitamin E-Präparaten wird das Selen von Tinkern generell sehr gut vertragen.

Eine eigenmächtig dosierte und eventuell zu hohe Gabe des lebensnotwendigen Spurenelements kann das Hornwachstum beeinträchtigen und damit die Hufe schädigen oder sogar zu Vergiftungserscheinungen führen. Nur die Selenbestimmung im Blut gibt einen exakten Überblick über den tatsächlichen Versorgungsgrad des Pferdes.

Gut gerittene Tinker: Ideale, zuverlässige Begleiter für Freizeit, Gelände und mehr!

Ein Pferd für (fast) alle Fälle

Es gibt fast keine Pferderassen, für die nicht mit dem Prädikat „vielseitig" geworben wird. Dies ist natürlich reine Vermarktungsstrategie! Pferde waren schon immer Nutztiere, die angepasst an ihre Region aus einem bestimmten Grund gezüchtet wurden. Ein Andalusier oder Warmblut wird niemals so schwer ziehen können, wie ein Kaltblut - das leuchtet jedem ein. Umgekehrt darf man dann aber auch von einem kaltblütigen Tinker nicht erwarten, dass er perfekt über hohe Hindernisse fliegt oder piaffiert! Was in einer Reitdisziplin vielleicht als Mangel erscheint, wie zum Beispiel der etwas vorderhandlastige Bewegungsablauf, lässt den Tinker dafür umso besser im Geschirr gehen und genau dafür wurde er ja schließlich ursprünglich auch gezüchtet.

Wir gehen davon aus, dass Sie Ihren Tinker überwiegend als Freizeitpferd nutzen wollen - das heißt aber nicht, dass Sie dafür weniger mit Ihrem Pferd arbeiten müssen als ein Turnierreiter. Hohe Leistungen im Wettkampf laufen beim Pferd als relativ einseitig ausgeprägte Reflexhandlungen ab. Die werden vom Reiter bis zur Perfektion geschult. Dafür wird der eine oder andere Mangel im Verhalten durchaus in Kauf genommen. Undenkbar bei einem Freizeitpferd, von dem man geradezu erwartet, dass es in einigen Bereichen eher das Wesen eines netten Schoßhundes als das eines Pferdes an den Tag legt. Es soll zunächst ebenso wie das Turnierpferd sauber an den Hilfen

Nach langer Ausbildung ist das Vertrauen dieses Tinkers in den Menschen so gefestigt, dass er sich für eine Vorführung sogar mit verbundenen Augen reiten lässt. Nicht zur Nachahmung empfohlen!

Das Einstudieren von Zirkuslektionen lockert den Umgang und die tägliche Arbeit mit dem Pferd für beide Seiten auf. Wie das Bild zeigt, sind sie außerdem ein wunderbares Stretching für Mensch und Pferd.

stehen, sensibel reagieren sowie schwungvoll vorwärts gehen. Darüber hinaus möchte man gerne, dass so ein Freizeitpferd mit einem durch dick und dünn geht! Es muss menschenbezogen und freundlich sein, in allen Situationen in der Reitbahn, im Verkehr oder im Gelände die Nerven bewahren und stets gelassen bleiben, trittsicher und ein zuverlässiger Wasserdurchquerer sein. Das meiste wäre für Turnierpferde unmöglich, nicht jedoch für einen rücksichtsvoll aufgebauten Tinker.

Wir können es nur immer wieder betonen: Nur eine besonders abwechslungsreiche und vielseitige Ausbildung, in der nicht Höchstleistung, sondern die Festigung des Vertrauens zwischen Mensch und Tinker im Vordergrund steht, bringt am Ende diese leistungsstarken und willigen Traumpferde hervor. Vertrauen entsteht aber nur, wenn der Besitzer in den Augen seines Pferdes ein verlässliches Leittier abgibt, bei dem es sich sicher fühlen kann. Setzen Sie also alles daran, sich auch über Ihre Reitkenntnisse hinaus genügend Pferdeverstand (sprich: Wissen über Psychologie und Verhalten) anzueignen, damit Sie diesen Job gut beherrschen.

Ansonsten müssen Sie sich mit Ihrem Tinker natürlich nicht dauerhaft auf einen Nutzungsbereich festlegen. Abwechslung ist das halbe Leben eines zufriedenen Pferdes, also überraschen Sie es regelmäßig mit abwechslungsreichen Aufgabenstellungen. Das hält nicht nur Menschen geistig rege und macht beiden Seiten gleichermaßen Spaß. Entdecken Sie die vielen Möglichkeiten der Freizeitgestaltung mit einem Tinker, die weit über entspannende Ausritte hinausgehen!

Ein guter Einstieg wäre zum Beispiel die spielerische Bodenarbeit oder das gemeinsame Erlernen von so genannten Zirkuslektionen. Nur Mut - es macht Spaß! Bringen Sie Ihrem Tinker eine elegante Verbeugung bei oder veranlassen Sie ihn sich hinzulegen. Tinker sind mit ihrer gesunden Neugierde meistens hocherfreut über diese Neuheiten und keineswegs begriffsstutzig. Erkenntnisse über Verhalten und Kommunikation untereinander lassen sich damit spielend erarbeiten, und Sie werden staunen, welche Höchstleistungen in Sachen Zuverlässigkeit Ihr Tinker anschließend unter dem Sattel für Sie erbringt. Es ist nicht immer einfach, einen Tinker zu überzeugen, verlässlich mitzuarbeiten, und es klappt nur mit Konsequenz und Kompetenz. Wenn Sie Ihrem Pferd erst mal von unten liebevoll Manieren und Respekt beigebracht haben, klappt es unterm Reiter umso besser. Messen Sie Ihren Tinker aber nicht mit der Messlatte unserer schnelllebigen Gesellschaft. Pferde funktionieren in anderen Zeitdimensionen: Geben Sie ihm geduldig Zeit, alle neuen Anforderungen in Ruhe kennen zu lernen, sie sitzen dann aber auch ein Leben lang. Vergessen Sie nie, dass anfangs auch Sie selbst zum Neuen gehören. Bis zu einem Jahr kann es dauern, bis Sie sein Vertrauen gewinnen, aber glauben Sie, es lohnt sich!

Lassen Sie Ihren Tinker nur beim Profi einfahren und steigen Sie nicht ohne entsprechende Ausbildung auf den Bock! Nur dann können Sie eine gemütliche Spazierfahrt ebenso sicher und entspannt genießen wie der mehrfache fränkische und bayerische Meister Willi Rötsch mit Tinkerstute Flicka.

Fahren: Tinker's best

Romantische Kutschfahrten haben ihren eigenen Reiz und es macht wirklich Spaß, in gut gelaunter Gesellschaft entspannt durch die Landschaft zu rollen. Das A und O dabei sind ausdauernde, gelassene Pferde, die ihren Anhang entspannt und sicher von A nach B bringen. Auch wenn sie bei uns überwiegend unter dem Sattel eingesetzt werden, haben die Traveller ihre Tinker doch speziell für den Dienst vor dem Wagen gezüchtet. Sie sind schon von Geburt an unglaublich nervenstark und erstaunlich verkehrssicher, also ideale Fahrpferde. Schon Fohlen grasen unberührt am Straßenrand, „half-broken" laufen sie bereits einjährig ohne mit der Wimper zu zucken neben anderen Tinkern durch den dichtesten Verkehr.

Wenn ein importierter Tinker beschlagen ist, dann können Sie schon davon ausgehen, dass er bereits gefahren wurde. Aber Vorsicht! Tinker werden in Irland auch bei Trabrennen eingesetzt und diese heißen Pferde sind auf keinen Fall für gemütliche Ausfahrten zu gebrauchen. Selbst wenn Sie momentan noch kein Interesse am Fahren haben sollten: Bestehen Sie beim Kauf unbedingt auf einer Probefahrt, wenn Ihnen das Pferd als „eingefahren" vorgestellt wird. Bei einer solchen Fahrt von zehn bis 15 Kilometern sollten Sie den Fahrer mehrfach bitten, zwischen Trab und Schritt zu wechseln. Testen Sie auch die Straßensicherheit und benutzen Sie lebhaftere Straßen. Der Tinker sollte weder vor großen Fahrzeugen noch vor spiegelnden Schaufenstern, flatternden Fahnen, Plakaten, Hunden oder Lärm scheuen. Bereits ein leicht schreckhaftes Verhalten bringt Kutsche, Passanten und Verkehr in Gefahr. Unterschätzen Sie trotz aller schönen Klischees niemals die Risiken. Es ist keineswegs leichter, Pferde korrekt zu fahren als sie richtig zu reiten und das gilt auch für die gemütlichen Tinker. Jeder Fehler kann in Verbindung mit Passagieren und Straßenverkehr fatale Folgen haben und so manche schön geplante Kutschfahrt endete schon im Straßengraben oder Krankenhaus. Steigen Sie daher aus Sicherheitsgründen niemals ohne entsprechend fundierte Ausbildung wie zum Beispiel einen bestandenen Fahrabzeichenkurs auf den Kutschbock!

Falls Sie nur Ihren Tinker kutschierfertig ausrüsten wollen, weil zum Beispiel ein Bekannter die nötigen Kenntnisse an den Fahrleinen hat, sollten Sie stets auf eine den Verkehrsvorschriften entsprechende, qualitätsvolle und korrekte Anspannung achten. Am Wagen darf es keine Teile geben, die sich von alleine lösen können oder die stark klappern. Achsen, Räder, Unter- und Aufbau sollten im besten Zustand sein. Die feststellbare Bremse hat immer zu funktionieren und sollte regelmäßig überprüft werden. Noch besser sind zwei voneinander unabhängige Bremssysteme. Für Nachtfahrten darf die vorgeschriebene Beleuchtung am Wagen nicht fehlen.

Egal ob Kummet- oder Sielengeschirr: Von Billigware, die regelmäßig für ein paar Hundert Mark in Katalogen angeboten wird, ist in jedem Fall abzuraten. Im Notfall wird das Geschirr wahrscheinlich schneller reißen als Ihnen lieb sein kann. Brüchiges oder schlecht zusammengeflicktes Geschirr ist ein ständiger Gefahrenherd. Das Kummetgeschirr ist für Zugleistungen jeder Art am besten geeignet und passt sich mit seiner Birnenform perfekt dem Pferdekörper an. Allerdings muss es für jedes Pferd angepasst oder sogar maßgefertigt werden und ist somit nicht immer für andere Tiere verwendbar. Ein Sielengeschirr kann man dagegen durch entsprechendes Verschnallen mehreren Pferden anpassen, wenn sie sich in Größe und Körperform nicht so sehr voneinander unterscheiden. Beim schweren Zug drückt es zwar die Brust des Pferdes zusammen, das kommt beim freizeitmäßigen Fahren aber nur höchst selten vor. Das Brustblatt des Sielengeschirres muss mit seiner Unterkante oberhalb des Ellebogengelenkes liegen und über den Strang bis zum Ortscheit eine Gerade bilden. Tinker haben manchmal einen tiefen Halsansatz und brauchen ein recht schmales Brustblatt, weil es sonst mit seiner Oberkante auf die Luftröhre drücken oder die Bewegungen des Schulterblattes behindern könnte.

Wenn Ihr Tinker noch eingefahren werden muss, sollten Sie diesen Job, selbst wenn Sie bereits einige Grundkenntnisse im Fahren haben, nur einem echten Fahrprofi überlassen. Beim Reiten kämen Sie ja auch nicht auf die Idee, ein Pferd bereits nach ein paar Wochen Erfahrung im Sattel ausbilden zu können, oder? Inzwischen stellt man übrigens in einigen Verbänden schon Überlegungen an, inwieweit man das Fahren mit den ideal dafür geeigneten Tinkern fördern kann, und möchte eventuell spezielle Einspännerklassen für diese Pferde anbieten.

Reiten: Nahezu grenzenloses Freizeitvergnügen

Sicher legt man sich vor allem ein Pferd zu, um auf ihm zu reiten. Hinter jeder Reitweise stehen verschiedene Ausrüstungen, Ausbildungswege und sogar regelrechte Philosophien rund ums Pferd. Eines ist ihnen aber allen gemeinsam: Falls Probleme auftauchen, dann sitzen Sie meistens im

Auf einem gut ausgebildeten Tinker wird ein geruhsamer Ausritt zum Kinderspiel.

Sattel. Unter einem geübten Reiter funktionieren nämlich die meisten „Problempferde" nach einiger Korrekturzeit wie durch Zauberei wieder einwandfrei! Egal, für welchen Weg Sie sich mit Ihrem Tinker entscheiden: Sorgen Sie für eine fundierte und harmonische Ausbildung von Reiter und Pferd, dann steht Ihrem Glück auf dem Tinkerrücken nichts mehr im Wege! Apropos Tinkerrücken: Es tut dem Pferderücken gut, wenn Sie öfters mal von der „falschen", also der rechten Seite aufsitzen. Sie werden sehen, dass das auf Anhieb gar nicht so einfach ist!

Dressur: Sinnvolle Gymnastik

Achtung! Nicht überlesen! Es geht hier nicht um langweiliges Rundendrehen in der Reitbahn, sondern um eine gezielte gesundheitserhaltende Gymnastizierung des Pferdes und da kommen Sie auch als Freizeitreiter nicht ganz herum. Suchen Sie sich eine geeignete Übungsmöglichkeit, wenn möglich mit Unterricht. Übrigens: Wenn man sich erst einmal ein bisschen mit Dressur beschäftigt hat, dann ist es halb so schlimm, und Sie werden nach einiger Zeit auch im Gelände merken, dass die Hilfen besser bei Ihrem Tinker ankommen.

Der Tinker ist von Haus aus eigentlich sehr lernwillig, und eine dressurmäßige Grundausbildung des Pferdes ist der Grundstock jeder Reitweise. Der Schritt ist raumgreifend, der Trab hat eine recht hohe Knieaktion. Im Galopp, der mit seinen großen runden Sprüngen an ein Schaukelpferd erinnert, haben Tinker in der Enge des Vierecks bisweilen ein kleines Problem. Die Galoppade darf daher anfangs jeweils nur kurz gefordert werden, bis sich die Rückenmuskulatur durch kontinuierliches Reiten besser entwickelt hat. Einfache Galoppwechsel sind dann durchaus möglich.

Trotz ihrer Rittigkeit sind der dressurmäßigen Ausbildung eines Tinkers über die durchaus erfolgreich absolvierten Klassen E und A hinaus natürlich Grenzen gesetzt. Ausnahmen bestätigen nur die Regel: Seine abschüssige, nicht selten überbaute Hinterhand ist in ihrer Tragkraft eingeschränkt und verhindert eine extreme Versammlung. Auch schwunghaftere Bewegungsabläufe der Vorderhand werden durch die meist steile Schulter stark begrenzt. Gegenüber den gangstarken Warmblütern haben Tinker aber einen für den Gelegenheitsdressurreiter unschätzbaren Vorteil: Sie sind superbequem auszusitzen. Sicher können Sie bei entsprechender reiterlicher Qualifikation und mit viel Gymnastik-Training auf dem Viereck einiges mehr aus Ihrem Tinker herausholen, aber erwarten Sie bitte nicht, dass aus Ihrem Schatz einmal ein gescheckter „Rembrandt" oder „Gigolo" wird!

Im Allgemeinen haben Tinker unter dem Sattel eine stabile Balance, entwickeln guten Schub aus der Hinterhand, treten ans Gebiss und lassen sich relativ leicht durchs Genick reiten, vorausgesetzt, das Pferd akzeptiert die Hilfen des Reiters - und damit berühren wir bei den Tinkern einen kleinen wunden Punkt. Hin und wieder kommt es nämlich vor, dass ein Tinker versucht, seine Kräfte mit Ihnen zu messen, und sich Ihrer Einwirkung mit Sturheit und mangelnder Durchlässigkeit entziehen möchte. Reagieren Sie mit der nötigen Konsequenz und seien Sie einfach ein bisschen sturer als Ihr Tinker! Wenn Sie einem Tinker in der Bahn auf Dauer nur noch mit einer nachdrücklichen Gertenhilfe klar machen können, was Sie von ihm wollen, dann darf man sich nicht wundern, dass das Pferd nach und nach immer mehr abstumpft. Versuchen Sie, die Übungen direkt im Anschluss an das Ausführen mit Gertenhilfe noch einmal mit geringerer Hilfengebung zu wiederholen und bei Erfolg mit entsprechendem Lob zu honorieren. Vielleicht klappt es ja auch bei Ihrem Tinker, dass er wieder ein bisschen sensibler wird!

Bei entsprechendem Training machen Tinker auch unter dem Dressursattel bis Klasse A eine gute Figur. Das Bild entstand während eines Showprogramms mit Tinkerhengsten.

Ihr flüssiger, rhythmischer Bewegungsablauf und das umsichtige Verhalten über kleinen Sprüngen machen Tinker zu idealen Spring-Lehrpferden, die ohne Probleme auch einen kleinen Parcours bewältigen.

Springen: Für kleine Hüpfer immer zu haben!

Ein klassisches Springpferd ist der eher schwerfällig wirkende Tinker schon aufgrund seines Körpergewichts nicht, aber für kleine Hupfer ist er immer zu haben! Tinker sind allem Neuen gegenüber sehr aufgeschlossen und das gilt natürlich auch für Schritt- und Trabstangen als vorbereitende Springgymnastik. Ihre Geschicklichkeit und Ehrlichkeit über Sprüngen bis knapp über einen Meter (Klasse E/A) ist dabei - gemessen an Exterieur und Körperfülle - verblüffend. Tinker sind ideal, um Anfängern Sicherheit beim Springen zu vermitteln. Stets bemühen sich die Pferde darum, die gestellte Aufgabe zu bewältigen, wissen anscheinend um ihre begrenzten Sprungfähigkeiten und suchen sich selbst den passenden Absprung. Sie verzeihen dabei so manchen Anreitfehler und springen relativ flach, was dem Reiter das Mitgehen über dem Sprung erheblich erleichtert. Mit ihrer rhythmischen Galoppade vermitteln Tinker außerdem ein gutes Taktgefühl zwischen den Sprüngen, die Abstände zwischen Kombinations- und Gymnastikhindernissen sollten aber angesichts der im Vergleich zu Großpferden etwas verkürzten Galoppade entsprechend vermindert werden.

Vielseitigkeit und Jagdreiten: Mehr Leistung, als man denkt

Teilnahmen an Jagden oder Geländeritten sind tolle Erlebnisse, erfordern aber eine systematische und langfristige Vorbereitung von Reiter und Pferd. Man sollte bei ausreichendem Training und Konditionierung die Leistungsfähigkeit eines Tinkers nicht unter-, dabei aber sein eigenes reiterliches Können bitte nicht überschätzen! Im Gelände ist der Tinker zwar nicht der Schnellste, aber durchaus ausdauernd und sehr trittsicher. Geländestilritte und kleine Vielseitigkeiten im E/A Bereich mit Hindernissen bis 1,10 Meter sind also von Tinkern durchaus zu bewältigen.

Bei einer Jagd müssen bestimmte Bekleidungsvorschriften und Regeln eingehalten werden, damit Unfälle vermieden werden. So diente zum Beispiel der in früheren Zeiten obligatorische rote Rock vor allem dazu, einen gestürzten Reiter im unübersichtlichen Gelände leichter zu finden, und eine feste Reitkappe ist heute noch unerlässlich! Informieren Sie sich vorher gründlich über diese Vorschriften, denn Verstöße werden von einem Jagdgericht entsprechend geahndet. Beteiligt sich eine genügend große Anzahl Reiter, so teilt man sie in drei Reitgruppen (Felder) ein. Im ersten Feld befinden sich die leistungsfähigen Reiter und Pferde, die alle auf der Strecke vorgesehenen Hindernisse springen müssen. Im zweiten Feld können sich die Reiter vorbehalten, einige Sprünge auszulassen. Das dritte Feld reitet die Strecke ohne Hindernisse ab und ist besonders für weniger erfahrene, ältere oder jüngere Reiter und Pferde geeignet. Auch in dieser Gruppe gilt es, den notwendigen Sicherheitsabstand zu anderen Pferden einzuhalten und „Strich" zu reiten, das heißt immer seinen zugewiesenen Platz einzuhalten und niemals den Weg eines anderen Reiters zu kreuzen.

Ein Tinker bewältigt während eines Geländerittes die irische Mauer. Unterschätzen Sie nie die Leistungsfähigkeit eines Tinkers, wenn er gezielt aufgebaut wurde!

Westernreiten: Lässige Eleganz

Die gelassene Art, mit dem Pferd umzugehen, und die kraftsparende Hilfengebung machen das Westernreiten gerade für Freizeit- und Wanderreiter attraktiv. Ein gut angepasster Westernsattel fühlt sich für Mensch und Pferd gleichermaßen bequem an, bei Tinkern mit besonders breitem Rücken sollte er jedoch mit einem Brustgeschirr oder Vorderzeug versehen werden, damit er sicher liegen bleibt. Ihr starkes Nervenkostüm haben Tinker mit den typischen Westernpferden auf alle Fälle gemeinsam. Nur wenn Sie vorhaben, in den Westernreitsport einzusteigen, müssten Sie sich etwas einschränken: Zum Cutten oder Sliden eignet sich ein Tinker aufgrund seines Gebäudes eher weniger. Sein Galopp ist zwar auf kurze Strecke erstaunlich schnell, aber in punkto Ausdauer hat unser gescheckter Kaltblüter natürlich schlechte Karten. Seine Stärken liegen aufgrund des tiefen Halsansatzes und der bequemen, lässigen Bewegungen eindeutig beim Pleasure und beim Trail, denn einen Tinker bringt nach einiger Übung und Bodenarbeit zu Hause so leicht nichts aus der Fassung. Fachmännisch auf Westernart angeritten reagieren auch scheinbar behäbigere Tinker fast genauso präzise auf feinste Hilfen wie ein Quarter Horse und verblüffen damit sogar geübte Reiter.

Zum westernmäßig entspanntem Umgang mit dem Pferd gehört aber wesentlich mehr als Cowboyhut und Westernsattel. Wenn Sie John Wayne spielen wollen, sollten Sie dies nicht auf Kosten Ihres Pferdes tun! Selbst die mächtige Kandare steht bei diesem Reitstil erst ganz am Ende der Ausbildung. Die zum Westernreiten gehörende Horsemanship, fundierte Kenntnisse rund ums Reiten und ums Pferd müssen Sie sich ebenso wie bei den anderen Reitstilen erst erwerben, bevor Sie zum echten Westernreiter werden. Nicht nur in diesem Punkt hat das Westernreiten mit dem konventionellen englischen Reiten mehr gemeinsam, als Sie vielleicht annehmen: Auch hier werden Pferde während ihrer langjährigen Ausbildung in allen Gangarten gymnastiziert, auf beiden Händen gestellt und gebogen, Tempo- und Gangartwechsel geübt, die Hinterhand

Das zweckmäßige und bequeme Westernoutfit wird gerne von Freizeitreitern verwendet.

aktiviert und ihre Schub- und Tragkraft entwickelt sowie Gehorsam und Durchlässigkeit für die Hilfen trainiert. Dennoch wirkt ein westerngerittenes Pferd auf den Betrachter völlig anders als ein konventionell vorgestelltes. Der Sitz des Reiters ist viel entspannter mit einer überwiegend losen Zügelführung, zum Teil in Kombination mit pferdeschonenden gebisslosen Zäumungen, wie dem Bosal. Die Hilfen wirken nur impulsartig genau dann auf das Pferd ein, wenn man etwas an seinem Verhalten ändern möchte. Entwickelt hat sich dieser relaxte Reitstil zunächst aus der Arbeitsreitweise spanischer und amerikanischer Viehhirten, die sich mehr auf die Rinder als auf ihre Pferde konzentrieren wollten und mussten. Die lässige Eleganz des Westernreitens wirkt auf den Betrachter faszinierend, erfordert aber ein perfekt ausgebildetes Pferd, das hochsensibel und prompt auf die minimale Hilfengebung reagiert. Der Reiter muss also genau wissen, was er da oben tut, und seinen Körper sehr bewusst einsetzen, damit er nicht aus Versehen die „falschen Knöpfchen" betätigt.

Ein Tinker kommt Ihnen auch dabei sehr gut entgegen und steckt schon mal einen Reiterfehler weg, er braucht aber auch in diesem Bereich eine konsequente, professionelle Ausbildung.

Wenn Tinker sensibel und vertrauensvoll genug geritten wurden, um in kniffeligen Hindernissen sauber manövriert zu werden, und wenn ihnen genügend Zeit zur Verfügung steht, sich alle Hindernisse in Ruhe anzusehen, dann meistern sie jede Rallye mit Bravour.

Rallyes: Spielerischer Spaß für jedermann

Ähnliche Hindernisse wie bei Trail-Prüfungen können Sie bei so genannten Rallyes vorfinden. Darunter versteht man mitunter durchaus knifflige und Übung erfordernde Geschicklichkeitsprüfungen auf dem Platz oder im Gelände, die meistens im Schritt bewältigt werden können, vor allem Spaß machen sollen und für Reiter aller Stile offen sind. Dem Spieltrieb der Tinker kommen diese Fun-Parcours sehr entgegen und ihre neugierige, offene Art, alles Neue in Ruhe zu beäugen lässt sie die Aufgaben bei genügend Vertrauen zu ihren Reitern problemlos meistern. Wenn ein Tinker nur genügend Zeit hat, sich ein ungewöhnliches Hindernis anzusehen, gibt es eigentlich fast nichts was er nicht überquert. Minutenlanges Warten auf eine Entscheidung des Tinkers lässt sich beim Training zu Hause mit kleinen Futtergaben überbrücken. Kauen löst Anspannung im Pferd und es geht danach locker über das Hindernis hinweg. Bei einigen wirklich kniffligen Manövern in Stangenlabyrinthen muss das Pferd extrem gut geritten werden und auf präzise gegebene Hilfen reagieren. Bei Nichtbewältigung eines Hindernisses wird man übrigens nicht wie beim Westerntrail disqualifiziert, sondern erhält nur einen Punkteabzug und kann sein Glück weiter versuchen. Die bunten Rallye-Reitertreffen werden immer populärer und kommen auch beim Publikum hervorragend an. Eine ideale Gelegenheit, um Skeptikern zu zeigen, was Tinker alles drauf haben - ein bisschen trainieren sollten Sie davor aber schon! Tipps und Hinweise dazu gibt's in entsprechenden Fachbüchern.

Therapeutisches Reiten: Tinker im Dienst der Medizin

Der hohe gesundheitliche Wert des Reitens ist seit mehr als 2000 Jahren bekannt. Schon der griechische Arzt Hippokrates wies darauf hin, dass Reiten „eine hochwertige Form der Gymnastik sei, die Körperfunktionen steigern und Krankheiten vermeiden würde". An die im therapeutischen Reiten eingesetzten Pferde werden nach

Wenn sie in den richtigen Händen sind, können Tinker sehr erfolgreich im therapeutischen Reiten eingesetzt werden. Wie alle ihre in diesem Bereich tätigen Pferdekollegen leisten sie dort unschätzbare Dienste an den Behinderten. Foto: Andrea Stefanoni

einer anspruchsvollen Ausbildung höchste Anforderungen gestellt, wobei die Eigenschaft „lammfromm" mit die größte Rolle spielt. Welche Rasse sollte sich also besser dafür eignen als ein Tinker? Aber lassen wir mit Andrea Stefanoni vom Schweizer Fannyhof in Altikon jemanden aus der Praxis sprechen:

„Um auch schwerere Reiter betreuen zu können, hielten wir vor ein paar Jahren nach einer kräftigeren Pferderasse Ausschau. Wir suchten Pferde, die zuverlässig, geduldig, menschenbezogen, ausgeglichen, feinfühlig, unerschrocken, lernwillig, sanft, belastbar, kräftig und nicht zu gross sind. Auf einer Ferienreise in Irland haben wir die „Coloured Cobs of Gipsy Type" entdeckt. Jetzt ergänzen neben unserem Freiberger zwei Tinkerstuten, ein Tinkerwallach und eine inzwischen dreijährige Jungstute unser Pferdeteam. Seitdem sind Kinder oder Erwachsene, ob gesund oder behindert, gleichermaßen von den Tinkern begeistert.

Einer dieser grossen Fans ist Daniel. Soeben ist er mit seiner Gruppe aus seinem Behindertenheim angekommen und schon stapft er durch den Stall, auf der Suche nach „seiner" Clooney. Die Tinkerstute ist sein erklärter Liebling. Oft hadert er mit dem Schicksal, aber auf den Montagmorgen freut er sich immer wie ein König: Da darf er zu Clooney kommen, sie liebevoll pflegen und danach mit ihr – von uns geführt – ins Gelände reiten. Clooney ermöglicht es Daniel, Wanderungen zu unternehmen, die er sonst nie mehr machen könnte. Sie trägt ihn hinaus in die Natur und über Stock und Stein. Und während er den Ausritt genießt, hilft ihre Bewegung dabei, sein Körpergefühl wieder zu verbessern, seine Beweglichkeit trotz Krankheit zu erhalten, sein körperliches und seelisches Gleichgewicht wieder zu finden. Clooneys Beine tragen ihn, ihre Augen schauen für ihn auf den Weg, ihr rhythmischer Gang lässt ihn mitschwingen und er kann ihre Wärme spüren, sich geborgen fühlen.

Oft teilt Daniel seine Clooney mit dem autistischen Julian. Dieser kann sich bei der Pferdepflege nicht wie Daniel liebevoll ins Pferdefell vertiefen, es streicheln und liebkosen. Berührungen machen ihm Angst. Er ist in seiner eigenen Welt, in sich selber eingeschlossen, und die Außenwelt erreicht ihn nur selten. Darum berührte Julian Clooneys Fell am Anfang nur mit den Fingerspitzen und nur, wenn wir seine Hand hinführen. Im Laufe der Wochen hat er aber so viel Zutrauen gefasst, dass er wenigstens für kurze Zeit das Pferdefell mit der ganzen Hand berührt. So kann er nun ganz neue Fühl-Erlebnisse zulassen. Ein kleines Fenster zur Außenwelt geht auf. Auch auf dem Pferd kommen viele neue Erfahrungen auf Julian zu. Er strahlt, wenn Clooney ihn trägt. Er lässt sich wiegen und schaukeln.

Vorher stand die Stute geduldig an der Aufsteigtreppe, auch als Julian etwas schneller und dafür weniger sanft aufstieg, hatte sie nur leicht gezuckt, aber weiterhin geduldig still gehalten. Bei den Gleichgewichtsübungen mit den Seilen ist Clooney im möglichst gleich bleibenden Takt weiter marschiert, auch wenn zwischendurch das Seil unsanft zu schwingen kam oder der Reiter in seinem Eifer mit den Beinen versehentlich klemmte. Auch als eine behinderte Frau sich bei Lektionsende aus Frust darüber, dass sie schon wieder heimfahren musste, kreischend neben Clooney auf den Boden schmiss und danach sogar das Pferd in die Seite biss, blieben alle gescheckten vierbeinigen Therapeuten ruhig und gelassen.

Nicht jedes Pferd ist für das heilpädagogische Reiten geeignet. Es braucht dazu einen sehr guten Charakter und eine sorgfältige, langjährige Ausbildung. Es ist auch längst nicht jeder Tinker für diese Arbeit geeignet, denn manche Exemplare dieser Rasse können ganz schön stur oder dickschädelig sein. Nicht zuletzt hängt die Eignung auch davon ab, was die Tiere in früheren Jahren schon erlebt hatten! Wir halten die Tinker für sehr geeignete Pferde, aber wir würden ein anderes Mal (weil es bei aus Irland stammenden Tieren nicht möglich ist, die Vorgeschichte zu erfahren) die Tiere noch genauer auf ihre Eignung hin anschauen. Tinker gelten allgemein als sehr menschenbezogen. Das können wir nur bestätigen. Aber Tinker, die schlechte Erfahrungen mit Menschen gemacht haben, wollen nur „ihre" Menschen um sich haben, fremden Zweibeinern gegenüber sind sie erst einmal skeptisch. Das ist für die Arbeit im heilpädagogischen Reiten eher problematisch. Wenn verunsicherte Menschen zu uns kommen, fällt es ihnen schwer, wenn sie in den ersten Lektionen spüren müssen, dass sie von ihrem Pferd zuerst einmal abgelehnt werden.

Unser Glück war, dass Clooney roh zu uns kam, im Gegensatz zu den andern beiden erwachsenen Tinkern Momo und Shannon, die beide bereits in Irland Erfahrungen mit Menschen gesammelt hatten, die sie hatten misstrauisch werden lassen. Bei Shannon beispielsweise vermuten wir, dass er auf brutale Weise kastriert worden war, denn Berührungen von Männern oder Knaben im Flankenbereich stressen ihn so, dass er die Menschen zu Seite schiebt. Bei unseren erwachsenen Tinkern brauchten wir darum jahrelange Arbeit und viel nahe Begleitung („Den fremden Menschen mag ich nicht, aber wenn du ganz nah bei mir bist, lasse ich ihn dir zuliebe an mich heran"), um sie für unsere Arbeit einsetzen zu können. Unsere selbst gezogene Jungstute Cailin aber ist sehr menschenfreundlich, kennt keinerlei Misstrauen und wird hoffentlich in ein paar Jahren ein perfektes Therapiepferd werden."

Zubehör: Einfach und zweckmäßig

Das Angebot für Pferde-Zubehör ist so bunt und vielseitig wie die Tinker selbst und in den letzten Jahren derartig explodiert, dass man sich manchmal fragt, wer das ganze Zeug kaufen soll. Nicht alles ist zum Besten der Pferde. So mancher modische Schnickschnack dient vor allem der Eitelkeit der Reiter, und wieder anderes schadet sogar mehr als es nutzt. In jedem Falle klingeln aber die Kassen bei den pfiffigen Herstellern - für unser geliebtes Pferd ist uns schließlich nichts zu teuer! Außerdem ist es ja auch viel bequemer, ein Problem wegzuschmieren, wegzuschnallen oder wegzufüttern. Manchmal verschwinden wenigstens die Symptome, die Ursache der meisten Schwierigkeiten liegt aber meistens beim Pferdehalter. Achten Sie auf eine artgerechte Haltung und Fütterung, sinnvolle Pflege und ausreichend Bewegung Ihres Tinkers und schaffen Sie sich eine Ausrüstung an, die einfach und zweckmäßig ist. Sie sollte zu Ihnen und zu dem passen, was Sie mit Ihrem Tinker anstellen wollen.

Fertig für den Ausritt! Bei Sattel und Trense muss man schon alleine wegen der Sicherheit von Mensch und Pferd stets auf Qualität und gute Pflege achten.

Sättel: Gute Passform über alles

Tinker sind im Allgemeinen birnenförmig bis rundlich mit langem Rücken, aber neben den vielen breiten Tinkern gibt es auch schlankere Pferde mit kurzem Rücken und natürlich unendlich viele Zwischenformen. Umfang und Bemuskelung ändern sich zusätzlich ständig! Tinker wachsen bis zum sechsten Lebensjahr, danach ändert sich der Umfang nicht nur futter- und konditionsbedingt, sondern schon alleine zwei Mal jährlich beim Fellwechsel. Auch einem etwas unsensibleren Tinker schmerzt dann der Rücken. Natürlich können Sie nicht alle paar Monate einen neuen Sattel kaufen, aber glauben Sie nicht, dass Sie einen schlecht sitzenden Sattel mit Gelkissen korrigieren können! Der Druck ist meistens so stark, dass er das Gel locker zur Seite schiebt und trotzdem drückt, während Sie mit Ihrem guten Gewissen und Gewicht den Tinkerrücken noch zusätzlich belasten. Alles in allem haben Sie mit Tinkern dasselbe Problem wie alle anderen Pferdebesitzer auch: den Sattel für Ihr Pferd gibt es nicht. Sie können sich also gar nicht genug über das informieren, was zwischen Ihnen und Ihrem Tinker liegen soll.

Ob Kunststoff, Kunstleder oder Leder, Sättel gibt es in verschiedenen Materialien. Was Sie bevorzugen ist letztendlich Geschmacksfrage. Versandhausprodukte sind aufgrund schlecht einzuschätzender Passform mit Vorsicht zu behandeln. Investieren Sie das Geld lieber in Infofahrten zu kompetenten Fachleuten. Suchen Sie mehrere auf und entscheiden Sie dann, von wem Sie sich am besten beraten fühlen und wem Sie den Rücken Ihres Tinkers anvertrauen. Wie bei allen robust gehaltenen Pferden mit etwas tonniger Figur bietet ein Schweifriemen oder Vorderzeug mehr Halt. Ein Sattel darf nicht nur aus Sicherheitsgründen nicht verrutschen, es gilt auch Druckstellen beim Pferd zu vermeiden.

Grundsätzlich haben alle Sättel mehrere variable Größen: Widerristfreiheiheit und Schulterpassform werden durch die Kammerweite bestimmt. Je nach Verwendungszweck haben Sättel außerdem verschieden große Auflageflächen, Sattelblattkonstruktionen und Pauschen, die das Bein des Reiters in der Bewegung an bestimmten Stellen halten. Als Letztes bestimmt dann noch Ihr Hinterteil, welche Sitzflächengröße Sie benötigen. Das alles müssen Sie jetzt in Einklang mit Ihren Reitgewohnheiten und Ihrem Tinker bringen.

Legen Sie den Sattel unter Aufsicht eines wirklichen Fachmannes nicht nur auf den Pferderücken, sondern reiten Sie ihn unbedingt auch Probe. Versagt Ihnen das ein Händler, dann ist er in jedem Falle unseriös. Der Sattel darf auf keinen Fall am Widerrist anstoßen oder in die Schultern drücken und muss auch am Rücken ganzflächig aufliegen. Prüfen Sie dies jeweils mit und ohne Reitergewicht und benutzen Sie beim Probereiten keine Satteldecke! Liegen nach ein paar Runden immer noch alle Haare glatt? Falls nicht, sollten Sie diesen konkreten Sattel schnell vergessen. Westernsättel haben eine größere Auflagefläche, wodurch sich der Druck besser verteilt. Manche Tinker, vor allem die mit kürzeren Rücken, mögen sie aber nicht. Es gibt speziell kurz geschnittene Westernsättel für Araber, aber Sie sollten sich angesichts der wesentlich barockeren Tinkerfiguren lieber gleich die ebenfalls gekürzten Modelle für Haflinger ansehen. Achtung: Auch bei diesen Sätteln lässt sich eine schlechte Passform durch dicke Westernpads natürlich nicht korrigieren! Sie laufen nur Gefahr, durch die unförmigen Unterlagen ins Rutschen zu kommen.

Wenn Sie schließlich einige Modelle in die nähere Auswahl genommen haben, dann sollten Sie nicht zuletzt den Tinker beim Kauf mit entscheiden lassen: Unter welchem Sattel geht er am zufriedensten, lässt sich gut versammeln und ist losgelassen? Wenn's den Tinker extrem zwickt und drückt, dann kann es durchaus passieren, dass er Ihnen mit einem kleinen Bocksprung sehr schnell klar macht: Diesen Sat-

Vorderzeug kann neben der Zierfunktion einem wirklich gut sitzenden Sattel etwas mehr Halt geben, ihn aber niemals fixieren, wenn er schlecht passt.

Ein gut passender Sattel ist schwerer zu finden als man glaubt! Zur Vermeidung von Druckstellen darf er selbst in schwierigem Gelände niemals verrutschen.

Dieser Tinker bockt aus purer Lebensfreude, aber vergessen Sie nie, dass er das wahrscheinlich auch mit Ihnen auf seinem Rücken kann, wenn ihn der Sattel dazwischen drückt! Vermeiden Sie unnötigen Ärger durch sorgfältiges Auswählen Ihres Sattels und kaufen Sie nicht ein x-beliebiges Billigprodukt.

tel - mit mir nicht! Ihre eigene Bequemlichkeit lässt sich oft durch verschiedene Aufbauten noch verbessern, dem Pferd aber muss die gesamte Grundkonstruktion des Sattels inklusive Innenleben behagen.

Auch wenn Sie eine scheinbar optimale Lösung gefunden haben, sollten Sie den Rücken Ihres Pferdes regelmäßig auf Druckstellen untersuchen. Kleinere Druckstellen sind bei Pferden recht schwer abzuklären. Höchste Alarmzeichen, wie weiße Druckflecken am Widerrist, lassen sich nur auf dunklem Fell erkennen und sind auf weißem Tinkerfell nicht auszumachen. Stochern Sie daher mit Ihren Fingern bei jedem Putzen energisch in der Sattellage Ihres Tinkers herum und drücken Sie mit dem Daumen links und rechts die Wirbelsäule entlang. Das Pferd sollte dabei kein Unwohlsein durch Hautzucken, Schweifschlagen oder Ausweichen signalisieren. Tut es das doch, dann ist es keineswegs kitzelig, sondern hat Rückenschmerzen und die kommen häufig vom Satteldruck. Überprüfen Sie also immer wieder den Sitz des Sattels und korrigieren Sie eventuell auftauchende Problembereiche.

Trensenzäume: Qualität vor Quantität

Die Zaumzeug-Konfektionsgröße eines Tinkers ist in der Regel „Cob" oder „Vollblut", nur der Nasenriemen passt oft nicht um die dicke Tinkernase herum. Wenn Sie der Meinung sind, dass Ihr Pferd unbedingt ein Sperrhalfter braucht, weil es sonst bei zu ungeübten oder unruhigen Reiterhänden die Zunge übers Gebiss schiebt, sollten Sie unter Umständen zusätzlich ein Sperrhalfter in Warmblutgröße kaufen, egal ob in hannoveranischer, englischer oder kombinierter Ausführung. Schnallen Sie es aber niemals zu fest zu. Mindestens zwei Finger sollten darunter passen! Sie könnten aber auch an Ihren reiterlichen Fähigkeiten arbeiten, damit der Tinker erst keinen Grund hat, bei Zügeleinwirkung das Maul zu öffnen oder gar die Zunge übers Gebiss zu ziehen!

Bei korrekt verschnalltem Zaumzeug sollte das Trensengebiss die Maulwinkel um zwei Hautfalten hochziehen. Höher lie-

Der einfach gehaltene schwarz-weiße Zaum steht diesem Piebald-Tinker besonders gut.

Es geht auch ohne Nasenriemen!

gende Trensen schmerzen das Pferd in den Maulwinkeln, tiefere lassen das Metallgebiss an die unteren Schneidezähne schlagen. Beides kann Verhaltensauffälligkeiten wie zum Beispiel Kopfschlagen verursachen!

Gebisse: Keep it simple

Nicht alle Importtinker sind bereits an das Gebiss gewöhnt, obwohl sie sich vielleicht mit einem Stallhalfter oder anderen gebisslosen Kopfstücken reiten lassen. Grundsätzlich wäre dagegen bei gut ausgebildetem Pferd und Reiter nichts einzuwenden, aber die klassischen Westernbosals passen nicht immer auf die großen Tinkerköpfe, und von den im Handel erhältlichen mechanischen Hackamores sollte man unbedingt absehen: Sie schonen zwar das Maul, haben aber dafür durch ihre ungeheure Hebelwirkung schon manche Pferdenase gebrochen! Probleme gibt's mit gebisslosen Zäumungen auch in anderer Hinsicht: Viele Versicherungen akzeptieren gebisslose Zäumungen im Gelände nicht und wenn Sie vollen Deckungsschutz haben wollen, müssen Sie sich und Ihren Tinker daher auf jeden Fall mit einem einfachen Gebiss anfreunden. Manche wehren sich gegen das ungewohnte Metall im Maul mit Kopfschlagen oder übermäßigem Kauen. Machen Sie es diesen Tinkern geduldig mit angewärmten, in Honig getränkten und etappenweise angelegten, einfachen Trensen etwas leichter, das Neue zu akzeptieren.

Generell reicht für Tinker eine einfach oder doppelt gebrochene, schwere, massive Wassertrense, die aber in der Größe zum Maul passen muss. Es gibt sie auch in Gummiausführung, aber die schonendere Wirkung trifft nur am Anfang zu. Sie können leicht durchgekaut werden und entwickeln dann ziemlich scharfe Ränder. Gummiringe können Sie dagegen bedenkenlos anwenden. Falls Sie sich mit Ihrem Tinker einmal nicht über die Richtung einigen können, verhindern diese Hilfsmittel das Schlimmste, nämlich dass Sie dem Pferd das Gebiss durchs Maul ziehen. Noch

Einfach gebrochene Trensen: Während die obere Variante recht dünn ist und damit ähnlich scharf wirkt wie ein nichtrostendes Westernsnaffle ohne Kupfereinlage, kann man die unteren Gebisse (Wassertrense, Olivenkopftrense) oder ihre doppelt gebrochenen Varianten gut für einen Tinker benutzen.

besser ist es aber, diese Situation erst gar nicht aufkommen zu lassen. Überhaupt: Wenn Sie glauben, ein schärferes Gebiss als eine Wassertrense zu brauchen, dann sollten Sie sich ernsthafte Gedanken über Ihre Reitkünste und die Ausbildung Ihres Pferdes machen und vielleicht noch ein paar Unterrichtsstunden dranhängen. Etliche Gebisse können Rasiermesser in der Hand des Affen sein - verschonen Sie Ihren Tinker damit.

Vorsicht bei gebrauchten Gebissen: Prüfen Sie, ob sich an den Rändern scharfe Kanten gebildet haben oder die Lochringe so ausgeleiert beziehungsweise ausgeschlagen sind, dass die empfindliche Haut am Maul darin eingezwickt wird. Stark verschmutzte Gebisse kann man übrigens zur Reinigung ein paar Stunden mit Kukident einweichen und anschließend in klarem Wasser ausspülen. Besser ist es allerdings, sie regelmäßig nach dem Reiten abzuwaschen und mit einem weichen Tuch abzutrocknen.

Westerntrensen, die Snaffles, sind wesentlich dünner als englische Trensen, aber bei dieser Reitweise hält der Reiter auch nicht ständig mit den Zügeln Kontakt zum Maul. Nur wenn das Pferd nicht auf Gewicht-, Schenkel oder Stimmhilfen reagiert, wird es kurz mit der scharfen, dünnen Trense korrigiert, und dann bleiben die Zügel wieder locker. Mit dem Gebiss müssen Sie also auch den Reitstil annehmen und das Pferd entsprechend umstellen! Es spricht aber überhaupt nichts dagegen, auch westerngerittene Tinker mit einer etwas angenehmeren, das heißt dickeren, englischen Trense auszustatten. Die Kupferanteile und das Eisen der Westerngebisse regen zwar die Maultätigkeit gut an und machen das Pferd entspannter und durchlässiger für die Hilfen, aber diese Entwicklung hat auch schon aufs andere Lager übergegriffen: Kupfereinlagen gibt's inzwischen auch bei den wesentlich sanfter wirkenden und daher stets empfehlenswerteren englischen Wassertrensen! Speziell für Pferdemäuler entwickelte Metall- oder Kunststofflegierungen wie Aurigan, Argentan oder Nathegebisse (auch mit Apfelgeschmack!) sollen dasselbe bewirken. Sie können es Ihren Tinker ja mal ausprobieren lassen ...

Hilfszügel und Longieren: Niemals unüberlegt

Verfallen Sie bitte nicht dem verhängnisvollen Irrtum, dass Ihnen Hilfszügel helfen, mangelndes reiterliches Können wettzumachen! Hilfszügel sollen dem Pferd helfen, Ausbildungsinhalte leichter zu verstehen, aber die müssten Sie ihm dann mit etwas mehr Geduld auch ohne Lederkrimskrams vermitteln können. Wenn Sie nicht wissen wie, oder wenn Ihnen das nicht gelingt, dann ist das eigentlich ein Alarmsignal dafür, dass Sie erst recht die Finger von Hilfszügeln lassen sollten. Setzen Sie diese also ohne kompetente Anleitung zum Beispiel im Reitunterricht niemals unüberlegt deshalb ein, nur „weil man das halt schon immer so macht". Einzig das lang verschnallte Martingal ist vielleicht akzeptabel, obwohl es da mittlerweile auch andere Möglichkeiten gibt: Der Halsriemen kann nämlich im Gelände ein durchaus praktischer Sicherheitsriemen sein - aber nur für den Reiter, ein Tinker braucht ihn nicht.

Wenn ihr Galopp entsprechend gefördert wurde, geben Tinker mit ihren kompakten Ausmaßen gute Voltigierpferde ab.

Das Longieren eines Pferdes scheint simpel zu sein, erfordert jedoch Erfahrung und Können. Fachleute behaupten, dass man mit einer halben Stunde unüberlegten Longierens mehr beim Pferd kaputtmachen könne als mit einer Stunde Reiten! Ohne groß darüber nachzudenken, welche Wirkung man damit erzielt, werden überall handelsübliche, starre Longierbrillen, die den Longendruck unsinnigerweise auf den äußeren Maulwinkel übertragen, benutzt, oder Longen in Trensenringe oder übers Genick gezogen verschnallt.

Das Trensengebiss dieses Zaumes mit englischem Nasenriemen ist gut angepasst: Die Maulwinkel werfen zwei kleine Fältchen.

Mit ihren breiten Hufen kommen Tinker selbst in tiefem Schnee außerordentlich gut zurecht.

Vielleicht reagiert ein Tinker nicht so sensibel darauf wie ein Araber, aber den Schmerz in Genick und Maul verspürt er ebenso, ohne dass Sie es merken.

Verwenden Sie zum Longieren stets einen schweren ledernen, von einem Fachmann angepassten Kappzaum, damit können Sie keinen Schaden anrichten. Leichtere Modelle verrutschen nur allzu gerne am Pferdekopf. Anstelle der Ausbinder sollten Sie lieber Dreieckszügel einsetzen, mit denen sich das Pferd auch entspannt vorwärts-abwärts strecken und seine Rückenmuskulatur aufwölben kann.

Beim Thema Longieren sollte unbedingt erwähnt werden, dass der Tinker gerade für kleinere Kinder ein sehr gutes, bequemes Voltigierpferd abgibt, vorausgesetzt seine Galoppade wurde entsprechend gefördert.

Winterfreuden: Fit und vorgesorgt durch Schnee und Eis

Selbst wenn das atlantische Klima Irlands größere Temperaturschwankungen auf der Insel ausgleicht, so haben die irischen Pferde in unseren Breiten bei genügender Raufuttergabe normalerweise keinerlei Probleme mit Minusgraden, wenn sie nicht geschoren werden, was aber bei einem Robustpferdebesitzer oder -freund wie Ihnen sowieso nicht in Frage kommt!

Die Wasserzufuhr kann im Winter zum Problem werden, denn nicht jeder Stall oder Auslauf ist bereits mit den je nach Region durchaus sinnvollen frostgeschützten Tränken ausgestattet. Die Wasserzufuhr muss jetzt natürlich regelmäßig überprüft werden. In einem aufgehängten Gummieimer lässt sich das Eis durch Zusammendrücken der Ränder zumindest leicht entfernen. Gibt man außerdem auf zehn Liter kaltes Wasser einen Liter kochendes Wasser dazu, so trinken die Pferde auf einmal mehr als vom kalten Wasser. Auch bei frostgeschützten Tränken kann diese

Achten Sie darauf, dass Ihr Tinker im Winter immer genügend, das heißt noch mehr Raufutter als im Sommer zur Verfügung hat. Mit seinem dichten Haarkleid machen ihm dann auch tiefe Minusgrade nichts aus.

Methode sinnvoll sein, damit die Tiere ihren Wasserbedarf ausreichend decken können.

Wie alle anderen Pferde auch haben Tinker je nach Größe im Vergleich zum Menschen ein ganz anderes, nämlich um den Faktor 17 bis 20 vermindertes Kälteempfinden, das sie zum einen ihrem größeren Körpervolumen, zum anderen ihrer überaus großzügigen, natürlichen Ganzkörperbehaarung verdanken. Bei ausreichender Raufuttergabe, die je nach Minusgraden entsprechend erhöht werden sollte, schützt ein langes, dichtes, Winterfell zusammen mit dem üppigen Langhaar jeden Tinker von September bis April selbst vor eisigen Winden und langen Frostperioden. Das lange Tinker-Deckhaar wird dann an vielen Stellen noch länger, lässt bisweilen sogar die Ränder der farbigen Flecken verwischen und verwandelt damit manchen Tobiano-Tinker fast in einen unruhiger gezeichneten Tovero, die Mischung aus Overo und Tobiano Scheckung.

Wenn man einen Tinker mit seinem dicken Winterfell gleich zu Beginn eines Rittes zu stark fordert, so kann unter dem Fell ein Wärmestau entstehen, der die Leistungsfähigkeit und Willigkeit des Pferdes stark mindert. Noch mehr als beim sommerlichen Reiten lässt man die winterlichen Ritte daher besonders gemütlich an. Nach 15 bis 20 Minuten leichter Arbeit können die Ausdünstungen des Pferdekörpers den Haarpelz allmählich durchdringen - dann darf es auch ruhig mal im ausgelassenen Galopp durch den Pulverschnee gehen!

Ist das Fell nach dem Reiten nass geschwitzt, sollten Sie dafür sorgen, dass sich Ihr Tinker in frischem Sägemehl wälzen kann. Das feine Material hängt sich ins komplette Fell, saugt, genau wie nach dem Waschen des Behangs, die Feuchtigkeit auf und lässt sich hinterher leicht ausbürsten beziehungsweise fällt ab. Auch kleinere Schweißstellen zum Beispiel in der Sattellage oder am Hals lassen sich mit dieser Methode besser trocknen als mit den gängigen Strohwischen oder gar mit Abschwitzdecken. Nur ein trockenes, nicht verklebtes Fell kann seine wärmende Schutzfunktion durch Aufstellen der Haare zuverlässig übernehmen, also sorgen Sie besonders im Winter dafür, dass Sie Ihren Tinker nicht übermäßig beanspruchen oder erhitzen und natürlich niemals klatschnass in seinen Auslauf oder Paddock zurückkehren lassen! Erhitzte Pferde sollte man rund 20 Minuten in Ruhe trocken reiten- so viel Zeit muss sein! Dann legen Sie Ihrem Tinker eine lose Abschwitz- oder eine einfache, alte Wolldecke über den Rücken und bringen ihn in seinen Offenstall zurück. Bis die lockere Decke dann herunterfällt, ist der Tinker meistens trocken. Nach einer Weile lernen die meisten Pferde (Ihres sicher auch!), wie die Sache funktioniert, bleiben ruhig stehen, bis sie abgeschwitzt haben, und entledigen sich ihrer Decke genau zu dem Zeitpunkt, wenn sie sie nicht mehr benötigen.

Für uns unverständlich, für Pferde natürlich: Selbst bei extremen Frostperioden hal-

ten sich auch nicht eingedeckte Pferde lieber im Freien auf und suchen nur selten Schutz in Unterständen oder gar Stallungen. Wie hätten sie sonst auch ohne Decken in der Natur überleben können? Erst bei feuchtkalter Witterung und matschigem Boden ist eine regelmäßige Kontrolle der Hufe und Fesselbeugen zur Vorbeugung von Krankheiten notwendig. Den Behang sollte man beim Putzen mit Bürsten oder mit den Fingern öfter vom gröbsten Schmutz befreien. Im trockenen Zustand klappt das recht gut, auch wenn es danach gleich wieder auf die Matschkoppel geht. Seltsamerweise vermehren sich dort im Winter auch die dunkleren Fellstellen der Tinker auf wundersame Weise. Wer einen

Egal wie kalt es wird: Mit trockenem Fell kommt ein Tinker selbst während langer Frostperioden prima draußen zurecht.

Zu kalt? Versuchen Sie's mal ohne Sattel! Der dicke Tinkerpelz ist warm genug für zwei.

Für jede Gaudi zu haben: Mit ein bisschen Geduld haben selbst nicht gefahrene Tinker schnell begriffen, wie Skijöring geht, und düsen begeistert durch den Schnee.

einfarbigen oder großflächig geschecktten Tinker oder nur einen mit dunklem Schweif hat, kann von Glück reden! Dumm nur, wenn ein St. Martins Auftritt (Tinker sind die ideale Besetzung für ein geruhsames Laternenzugpferd), das Nikolausreiten oder die Weihnachtsfeier des Vereins ansteht und alle Pferde auf Hochglanz poliert werden. Selbst wenn der Markt inzwischen einige Hightech-Mittelchen zum winterlichen Reinigen weißer Schweife anbietet (Werbung findet man zur schlechten Jahreszeit oft in Haflingerzeitschriften!), reicht in der Regel Spüli, Haarshampoo beziehungsweise Gall- oder Schmierseife völlig aus, schließlich geht's hier nur um den Schweif. Wichtig ist nur ein längeres Einweichen in recht warmem bis heißem Wasser in Kombination mit dem Reinigungsmittel. Vorsicht beim Eintunken der Haare in den Eimer! Bei heißem Wasser darf die Schweifrübe auf keinen Fall mit hinein! Sorgfältiges Ausspülen nicht vergessen, Schweif ausschleudern und zur Not mit dem Föhn trocken.

Den Körperschmutz kann man aufgrund der Temperaturen natürlich nicht so leicht loswerden, denn nicht jeder hat schließlich ein Solarium zum Trocknen der Pferde im Winter. Feuchte Stellen im Fell entziehen sich leider auch einer Reinigung durch den Striegel, da heißt es Augen zu und durch! Nur die Sattellage muss vor jedem Reiten wirklich penibel gesäubert werden, um Satteldruck durch Schmutzkörner zu vermeiden. Wer will, kann seinen Tinker ja im Winter mal ohne Sattel reiten, das mollige Fell wärmt nämlich auch den Reiter sehr gut.Unbeschlagene Tiere haben im Winter kaum Probleme mit Pappschnee in den Hufen. Mit Hufeisen gehen die Pferde allerdings manchmal gefährlich schnell wie auf Stelzen. Nur bei Pulverschnee reicht es dann, die Hufunterseite mit Schmierseife einzureiben. Besser und sicherer sind spezielle Kunststoffeinlagen, die der Schmied im Winter unter den Eisen befestigt

Wenn der Tinker dann erst einmal ausgehfähig ist, steht den Winterfreuden wirklich nichts mehr entgegen. Ob vor dem Schlitten, unter dem Reiter oder beim Skijöring: Ein einfaches Sielengeschirr, an dem die Stränge durch eine Longe ersetzt werden, kann zusammen mit einem Paar Skier ein unvergleichliches Vergnügen bereiten und das angenehme Nervenkostüm eines vernünftig gearbeiteten Tinkers sorgt dafür, dass unsere bunten vierbeinigen Kumpels selbst bei knackigen Temperaturen kontrollierbar bleiben.

Adressen

IG Tinkerpony
Deutschland Süd:
Bettina Stähler
Südstr. 4
56414 Salz
Tel: 06435-6125
Fax: 8630

Deutschland Nord:
Alexandra Mülln
Deichstr. 32
21354 Bleckede-Brackede
www.tinkerpony.de

IG Tinkerpony - Schweiz
Evelyne Hegi
Holzikerstr. 5
CH-5040 Schöftland
Tel: 0041-627215087

Irische Fremdenverkehrszentrale
Untermainanlage 7
60329 Frankfurt/M.
Tel: 069-236492
Irish Tourist Board
Baggot Street Bridge
Dublin
Tel: 201-676-5871 oder 01-661-6500

Infos zum Beispiel zu „**Gipsy and Horse Fair**" alljährlich am zweiten Dienstag und Mittwoch im Juni im englischen Appelby - Brough Hill Fair in Westmoreland - Ballycastle, Grafschaft Antrim, Ulster/Nordirland,
Ende August - Oktober „**Europe's Oldest International Horsefair**" beim Ballinasloe Country Fair in Galway/Südirland

Laufstall Arbeitsgemeinschaft (LAG) e.V.
Ferstlstr. 15
85445 Oberding

Nordic Kunststofftechnik GmbH
„Greenguard" Weidemaulkorb
Sierksdorfer Str. 25
23730 Neustadt
Tel: 04561-1067
Fax: 1063

Pinto-Zuchtverband e.V. (DPZV)
Kurhessenstr. 21
34626 Neukirchen-Knüll
Tel: 06694-919425

Kontaktadresse
Heike Lauger
Mittelhembach
90596 Schwanstetten
Tel: 0171/3423187

Literatur

Hütter, Sylke:
Der Irish Tinker
Eisenach 1999

Kresse, Wolfgang:
Pferderassen der Welt
Stuttgart 1999

Lauger, Heike:
Meisterarbeit/Pferdewirtin über Irish Tinker
1998, unveröffentlicht

Von der Leyen, Katharina:
Charakter-Pferde
München 1999

Nissen, Jasper:
Enzyklopädie der Pferderassen
Band 2
Stuttgart 1998

Petra van den Heuvel

Friesenpferde

Die Friesenpferde haben ihren Siegeszug durch Europa erfolgreich absolviert. Waren sie früher reine Kutschpferde, sind sie heute als Reitpferd beliebt und eng mit der Barockreitszene verbunden. Die „schwarzen Perlen Frieslands" bestechen durch ihre majestätische Ausstrahlung und ihre Menschenfreundlichkeit. In diesem Buch erfahren Sie alles über ihre Geschichte, deren Verwendung als Fahr- und Reitpferd, und bekommen wichtige Haltungs- und Pflegehinweise.

80 Seiten | farbig | ISBN 978-3-8404-0032-2

Ulrich Schmelzer

Fjordpferde

Dem urwüchsigen Charme der Fjordpferde kann man sich nur schwer entziehen: Mit ihrer auffälligen Silhouette und der markanten Falbfärbung erobern sie die Herzen von Pferdefreunden im Sturm. Doch auch die inneren Werte stimmen. Die Vielseitigkeit der Fjordpferde und ihr goldener Charakter sind ebenso Themen dieses Buches wie ein Einblick in die Geschichte der Rasse sowie Tipps zur Haltung und Pflege. Eine Augenweide sind die großformatigen Aufnahmen der sympathischen Falben.

96 Seiten | gebunden | ISBN 978-3-8404-0020-9

CADMOS

www.cadmos.de

Brigitte Millán-Ruiz

Doma Vaquera

Die Doma Vaquera ist die traditionelle Arbeitsreitweise der spanischen Hirten und ist Kernstück der sogenannten „Iberischen Reitweisen". Somit findet auch die derzeitig sehr beliebte Disziplin der „Working Equitation" ihren Ursprung in der Doma Vaquera. Das Ziel dieser Arbeitsreitweise ist die schrittweise Entwicklung vollständiger Harmonie zwischen Reiter und Pferd, die mit einem Minimum an Hilfen auskommt. Dieses Buch erzählt nicht nur die Entwicklungsgeschichte der Doma Vaquera, sondern beschreibt auch ausführlich die Ausbildung eines Doma Vaquera Pferdes.

144 Seiten | gebunden | ISBN 978-3-8404-0014-8

Bent Branderup

Knabstrupper

Die Knabstrupper gehören zu einer vom Aussterben bedrohten Pferderasse, die weltweit nur noch mit wenigen Tieren vertreten ist. Doch die Rasse wurde in den letzten Jahren vermehrt von vielen Freizeitreitern neu entdeckt, die sich auf den Erhalt und der Rekonstruktion dieser einst begehrte Fürstenpferde verschrieben haben. In diesem Buch wird ausführlich auf die Geschichte dieser Pferde eingegangen, sowie verschiedene Hengstlinien genauer beleuchten. Außerdem wird auf den Charakter und das Exterieur eingegangen und der Leser erhält nützliche Tipps für den Kauf eines Knabstruppers.

60 Seiten | gebunden | ISBN 978-3-8404-0005-6

Bent Branderup

Reiten auf Kandare

Die Kandare ist in Reiterkreisen beliebt und umstritten. Dient die Kandare in der geschulten Reiterhand der Hilfenverfeinerung, kann sie, von einem ungeübten Reiter eingesetzt, großen Schaden anrichten. Der Autor Bent Branderup gibt einen Überblick über die Geschichte der Kandare. Er beschreibt die Ausbildung des jungen Pferdes bis zur Kandarenreife und führt den Leser sachkundig in die Lektionen der hohen Schule ein. Wie eine Kandare wirkt, was für Kandarenformen es gibt und wie hoch der Leistungsstand des Reiters sein muss sind weitere Themen dieses anschaulich illustrierten Sachbuchs.

96 Seiten | gebunden | ISBN 978-3-8404-0002-4